Partizipatorisches Marketing privater Hochschulen

ERZIEHUNGSKONZEPTIONEN UND PRAXIS

Herausgegeben von Gerd-Bodo von Carlsburg

Band 76

PETER LANG

Frankfurt am Main · Berlin · Bern · Bruxelles · New York · Oxford · Wien

Leonard Wehr

Partizipatorisches Marketing privater Hochschulen

Corporate Identity als Ziel von Bildungsmarketing

Mit einem Vorwort
von Rita Süssmuth

Bibliografische Information der Deutschen Nationalbibliothek
Die Deutsche Nationalbibliothek verzeichnet diese Publikation
in der Deutschen Nationalbibliografie; detaillierte bibliografische
Daten sind im Internet über http://dnb.d-nb.de abrufbar.

Meinem Vater Dr. Helmut Wehr gewidmet

Gedruckt auf alterungsbeständigem,
säurefreiem Papier.

ISSN 0723-7464
ISBN 978-3-631-60557-8
© Peter Lang GmbH
Internationaler Verlag der Wissenschaften
Frankfurt am Main 2011
Alle Rechte vorbehalten.

Das Werk einschließlich aller seiner Teile ist urheberrechtlich
geschützt. Jede Verwertung außerhalb der engen Grenzen des
Urheberrechtsgesetzes ist ohne Zustimmung des Verlages
unzulässig und strafbar. Das gilt insbesondere für
Vervielfältigungen, Übersetzungen, Mikroverfilmungen und die
Einspeicherung und Verarbeitung in elektronischen Systemen.

www.peterlang.de

Inhalt

Vorwort 9

1. Einleitung 11

1.1 Ziel 11

1.2 Problemstellung und Zielgruppen 11

1.3 Begriffsbestimmungen 14

2. Zur Ausgangssituation der privaten Hochschulen 16

2.1 Entwicklung der Rahmenbedingungen 17

2.2. Identitätsförderung als Erfolgsfaktor 28

3. Allgemeines Marketing für private Hochschulen 32

3.1 Besonderheiten 33

3.2 Strategische Ziele 34

3.3 Marketing-Management 36

3.4 Strategisches Marketing 38

3.5 Marketing-Instrumente 41

4. Einflussebenen privater Hochschulen 45

4.1 Lehrbeauftragten-Marketing 45

4.2 Absolventen-Marketing (Alumni) 47

4.3 Leistungsverwender-Marketing 49

4.4 Förderungs-Marketing 51

4.5 Studierenden-Marketing 52

4.6 Beeinflussung des Studienentscheidungsprozesses durch Marketing 55

5. Partizipatorisches Marketing 59

5.1 Einbindung der Studierenden durch Meinungserforschung 60

5.2 Qualitätsmanagement 64

5.3 Einbindung der Studierenden durch Hochschulaktivitäten 66

5.4 Einbindung der Studierenden durch Hochschulpolitik 67

5.5 Einbindung der Studierenden durch Hochschulprojekte 68

5.6 Werbung von und für Studierende 69

5.7 Öffentlichkeitsarbeit und Innenkommunikation 71

5.8 Auswahl der Instrumente 73

6. Schlussbetrachtung 74

6.1 Fazit und Modell partizipatorischen Marketings 74

6.2 Zusammenfassung in zehn Thesen 76

6.3 Ausblick 76

7. Literatur 78

8. Anhang 83

Autor 110

Abkürzungsverzeichnis

BDA	Bundesverband Deutscher Arbeitgeberverbände
BDI	Bundesverband der Deutschen Industrie e.V.
BMBF	Bundesministerium für Bildung und Forschung
CASE	Council of Advancement and Support of Education
CHE	Centrum für Hochschulentwicklung
FORAM	Forschungsstelle für Angewandtes Marketing
HRG	Hochschulrahmengesetz
HRK	Hochschulrektorenkonferenz
MBA	Master of Business Administration
NGO's	Non Governmental Organisations
PR	Public Relations
QZ	Qualitätszirkel
TvöD	Tarifvertrag für den öffentlichen Dienst (Seit dem 01.10.2005)
TV-L	Tarifvertrag für Länder (Seit dem 01.11.2006)
USA	United States of America

Abbildungsverzeichnis

Abb. 1: Fünf-Schritt-Methode eines Strategischen Hochschulmarketings 37

Abb. 2: Zielpyramide einer Hochschule 39

Abb. 3: Studienentscheidungsprozess 56

Abb. 4: Gesamtperspektive einer Hochschule 74

Rita Süssmuth[1]

Vorwort

Als zentrale These arbeitet Leonard Wehr in dieser Arbeit heraus, dass studentische Partizipation zum zentralen Punkt des Hochschulmarketing implementiert werden muss, damit die Hochschulen ihr Angebot im Wettbewerb besser von anderen Universitäten abgrenzen können. „Corporate Identity" ist hier das Stichwort. Auf diese Weise können Ressourcen erkannt werden, die zu einer besseren Profilierung der privaten Hochschulen im Vergleich zu staatlichen Universitäten führen können. Ein Konzept zur Realisierung der Auseinandersetzung und Identifikation mit einer Hochschule, so die These dieser Arbeit, ist die Einbindung der Studierenden und Alumni in die Organisation und die Arbeitsabläufe der Hochschulen, insbesondere in der Außendarstellung der jeweiligen Institution.

Dabei wird von einem erweiterten Bildungsverständnis ausgegangen, dass die Persönlichkeitsentwicklung der Studierenden einbezieht. Bildung wird hier verstanden als Kompetenz um „selbstbestimmt und selbstwirksam den eigenen Weg in einer komplexen Gesellschaft gehen zu können".

Ganz besonders wird in diesem Zusammenhang auf „Softskills" wie Teamarbeit, Selbstmanagement und Kompetenz im Auftreten hingewiesen. Abgerundet durch die Vermittlung von Schlüsselqualifikationen und Basiskompetenzen, verbinde es Anforderungen der Arbeitswelt mit dem Zugewinn einer eigenständigen Persönlichkeit.

Ein erfolgreiches Hochschulstudium bedeute heutzutage auch, Erfahrung von Zugehörigkeit, sozialer Teilhabe, Verantwortungsübernahme und eigenständiger Mitgestaltung. Das heißt für die Studierenden: Autonomie Entwicklung von Selbstwert und Selbstwirksamkeit, sowie fachliche Kompetenz und Wissen um die Anforderungen der Berufswelt. Leonard Wehr beschreibt, wie dieses Angebot von privaten Hochschulen hinsichtlich partizipatorisch erfahrener Lernprozesse, zur Motivation und Leistung des Einzelnen wie auch zum positiven Image und zur Attraktivität der Universität beitragen und die Außenwirkung der Hochschule positiv beeinflussen kann.

---

1 Professorin für Erziehungswissenschaft an der Pädagogischen Hochschule Ruhr und den Universitäten Göttingen und Dortmund, Bundesministerin für Jugend, Familie, Frauen und Gesundheit von 1985-1988 und Präsidentin des Deutschen Bundestages von 1988-1998, Vorsitzende einer parlamentarischen Unabhängigen Kommission „Zuwanderung", Präsidentin der staatlich anerkannten Berliner OTA Privathochschule (heute SRH Hochschule Berlin) von 2005-2010. Der Autor absolvierte 2009 ein vierteljähriges Praktikum an dieser Hochschule und nahm dies als Anregung für seine Studie.

Zugleich unterstreicht Leonard Wehr die Bedeutung für die Identitätsbildung und stützt sich dabei auf die Identitätstheorie von Keupp. Es geht dabei um „einbettende Kulturen", die Erfahrung der Zugehörigkeit, die Anerkennung und die Beteiligung am alltäglichen interkulturellen Diskurs für eine sinnvolle Identitätsbildung.

Es wird in dieser Arbeit ganz besonders deutlich, dass die Absolventen als Qualitätsmaßstab nicht nur für die Lehre, sondern auch für die Forschung anzusehen sind. Die Studierenden sind nicht primär Bildungskonsumenten, sondern aktive, selbstwirksame Bildungspartner. Um die Studierenden stärker an die Hochschule zu binden, sind nach Überzeugung des Autors deswegen Strategien zu entwickeln, die die Studierenden in das Hochschulgeschehen integrieren und an Entscheidungen partizipieren lassen.

Studierende und Alumni werden durch eine erfolgreiche Partizipation zu „Botschaftern" Ihrer Hochschule, zu Trägern der „Corporate Identity", die sie nach außen tragen und somit das Image ihrer Hochschule verbessern und verbreiten.

1. Einleitung
1.1 Ziel

In dieser Arbeit geht es um das Marketing von (privaten) Hochschulen. Die Stellung und Bedeutung der (privaten) deutschen Hochschulen wird verortet und es wird skizziert, welche Entwicklungen im Hochschulsektor zu erwarten sind. Die Rolle der privaten Hochschule wird als Anbieter auf dem Bildungsmarkt herausgearbeitet. Aus dieser Funktionsanalyse werden Anstöße für die Marketingstrategie abgeleitet, hin zu einem zielgruppenorientierten und effizienten Hochschulmarketing. Kernpunkt ist die Kundenorientierung und Partizipation der Studierenden [2] für das Bestehen der Hochschule im nationalen und internationalen Wettbewerb auf dem Bildungsmarkt.

1.2 Problemstellung und Zielgruppen

Gegenwärtig wird in der Öffentlichkeit über die Bedeutung und die Anforderungen des deutschen Hochschulsystems diskutiert. Effizienzdenken und Marketing ist als politische Handlungsoption auch auf die Hochschulen übertragen worden, was die Gründung des KIT (Karlsruher Institut für Technologie 2009) deutlich macht.[3] In diesem Sinne müssen sich die Hochschulen auf einen verstärkten Wettbewerb einstellen.[2] Wettbewerb wird es auf folgenden vier Ebenen geben:[4] Ressourcen, Studierende, wissenschaftlicher Ruf/ Image, Hochschullehrer.

Staatliche Hochschulen sind dabei aufzuholen und sich mehr diesem Wettbewerb zu stellen. Private haben in Deutschland gegenüber vielen alteingesessenen Universitäten einen Legitimationsdruck. Aktuell relevant sind in Deutschland jedoch die beiden Wettbewerbsfelder Studierende und Hochschullehrer. Um die Hochschullehrer wird es in Zukunft deutlich mehr Konkurrenz geben, sind sie es doch, die einen wesentlichen Teil des Images und der Geltung einer Hochschule darstellen. Die größten Veränderungen sind jedoch auf dem Markt für Stu-

---

2 Aus Gründen der leichteren Lesbarkeit wird in dieser Arbeit auf die männliche Form verwiesen. Die weibliche Form ist mitgedacht.

3 Dies kann u.a. als Reaktion auf den enormen Druck verstanden werden, dem sich das Wissenschaftssystem ausgesetzt sieht. Blum nennt hier u.a. Finanzdruck, Kapazitätsdruck und Legitimationsdruck. Vgl. Blum, Jürgen, Wissenschaftsmanagement. Standort, Perspektive, in: Wissenschaftsmanagement. hrsg. von J. Blum, Stuttgart 1993, S. 24. Dies wird erkennbar am Scheitern der Bruchsaler Internationalen Universität (BNN vom 23.7.2009).

4 Vgl. Erichsen, Hans- Uwe (Hrsg.), Profilelemente von Universitäten und Fachhochschulen (Hrsg.), Erichsen, H.- U., Verabschiedung des 181. Plenums der HRK vom 24./25. Februar 1997 in Bonn , S. 4.

dienanfänger zu erwarten: Während in den USA beispielsweise der Wettbewerb um Studenten etabliert ist, wurde in Deutschland erst in jüngster Vergangenheit die Kapazitätsverordnung gelockert um die Auswahlmöglichkeiten zu steigern. Das heißt, dass die Hochschule den Studienanfängern bekannt sein muss und Studienanfänger müssen der Meinung sein, dass diese Hochschule ihren Bedürfnissen und Anforderungen gerecht wird. Es ist demnach erforderlich, sich als Hochschule ansprechend zu positionieren.

Der Markt wird in der Marketing-Theorie aus Sicht eines Marktakteurs definiert. Aufgrund dessen besteht ein Markt aus allen potenziellen und aktuellen Nachfragern bestimmter Leistungen mit einem bestimmten Bedürfnis, sowie deren Anbietern und den Beziehungen zwischen beiden.[5] Für jedes Bedürfnis kann demnach ein Markt unterschieden werden. Für Hochschulen heißt das, zunächst die Hauptmärkte zu erfassen, auf denen sie tätig sind. Topor unterscheidet für eine Hochschule in diesem Zusammenhang sechs Hauptmärkt:[6]

1. Ausbildungsmarkt,
2. Markt für Drittfinanzierung der Auftragsforschung,
3. Fundraising,
4. Beschaffungsmarkt für Investitions- und Verbrauchsgüter,
5. Dienstleistungsmarkt,
6. Personalmarkt.

Die Unterscheidung von verschiedenen Märkten hat für die Hochschule weitreichende Konsequenzen. Sie muss sich gezielt diesen Märkten zuwenden, um erfolgreich zu sein. Drei Handlungsfelder sind als Konsequenz hieraus von besonderer Bedeutung: die Marktsegmentierung und Zielgruppenbildung, die Marktforschung sowie die Bildung der Corporate Identity[7] und Zielgruppenorientierung. „Unter Marktsegmentierung wird die Aufteilung eines Gesamtmarktes in bezüglich ihrer Marktreaktion intern homogene und unter-

---

5 Vgl. Kotler, Philip, Marketing-Management: Analyse, Planung, Umsetzung, Stuttgart 1999, S. 14f., Kotler, Philip /Fox, Karen, Strategic Marketing for Educational Institutions, New Jersey 1985, S. 160, Meffert, Heribert, Burmann, Christoph, Kirchgeorg, Manfred, Marketing: Grundlagen Marktorientierter Unternehmensführung, Wiesbaden 2008, S. 46.

6 Vgl. Topor, Robert, Marketing Higher Education - A Practical Guide, CASE, Washington D.C. 1992, S. 49.

7 Unternehmensidentität, unverwechselbare Persönlichkeit eines Unternehmens. Bedeutet ein abgestimmter Einsatz von Verhalten, Kommunikation und dem Erscheinungsbild (Unternehmensintern und extern).

einander heterogene Untergruppen (Marktsegmente) sowie die Bearbeitung eines oder mehrerer dieser Marktsegmente verstanden."[8]

„Marktsegmentierung" ergibt sich aus der Tatsache, dass Abnehmer verschiedene Bedürfnisse und Erwartungen haben. Da aber nicht für alle Abnehmer ein spezielles Angebot kreiert werden kann, wird über die Marktsegmentierung versucht, Abnehmer, die sich in ihren Bedürfnissen und Erwartungen nur gering unterscheiden, zu Segmenten zusammenzufassen, die mit dem Angebot der Hochschule kongruent sind. Diese sollen Homogenität, Relevanz für das Marketing, Erreichbarkeit und eine ausreichende Größe aufweisen.[9] Segmentiert werden sollte mit einem direkten „Produktbezug".

Der Nutzen der Marktsegmentierung liegt vor allem darin, die Mittel für das Marketing effizient einsetzen zu können, indem sich die Hochschule beispielsweise auf die Abnehmer konzentriert, die sie am wahrscheinlichsten zufrieden stellen kann.[10] Wangen-Goss weist in diesem Zusammenhang darauf hin, dass im Sinne der Marketing-Philosophie die Zielgruppenbildung nicht bei den Nachfra-gern enden darf, sondern alle Nutzergruppen umfassen sollte.[11] „Netzwerk-bildung" und andere Marketingstrategien können hier nur am Rande erläutert werden, da dies in aller Komplexität in dieser Arbeit nicht möglich ist. Es erscheint schlüssig, das Hauptaugenmerk auf die Einbindung der Studierenden zu legen. Aufgrund der veränderten Marktbedingungen verfügen viele Hoch-schulen bereits über eine Pressestelle, eine Studienberatung, Auslandsämter oder Kooperationen mit Agenturen sowie Broschüren, Tage der offenen Tür oder Alumni-Netzwerke. Selten jedoch sind diese (externen) Aktivitäten unter einem Konzept zusammengefasst und mit der (internen) Organisation verknüpft oder im Rahmen eines strategischen Marketingplans zen-

---

8 Meffert, Heribert, Burmann, Christoph, Kirchgeorg, Manfred, Marketing: Grundlagen Marktorientierter Unternehmensführung, Wiesbaden 2008, S. 182.

9 Vgl. Kotler, Philip /Fox, Karen, Strategic Marketing for Educational Institutions, New Jersey 1985, S. 188f. und Kotler, Philip, Marketing-Management: Analyse, Planung, Umsetzung, Stuttgart 1999, S. 456.

10 Vgl. Wangen-Goss, Margaret, Marketing für Universitäten, Spardorf 1983, S. 59ff., Kotler, Philip, Marketing-Management: Analyse, Planung, Umsetzung, Stuttgart 1999, S. 425, Meffert, Heribert, Marketing: Grundlagen Marktorientierter Unternehmensführung: Konzepte. Wiesbaden, 8. Auflage 1998, S. 177f.

11 Vgl. Wangen-Goss, Margaret, Marketing für Universitäten, Spardorf 1983, S. 65ff..

tral institutionalisiert und festgelegt.[12] Eine effektive und nachhaltige Organisation des Marketings muss jedoch gewährleisten, dass alle Marketing-Aktivitäten unter der Prämisse studentischer Partizipation koordiniert werden können, hierzu ist auch die Steuerung der Marktforschung zu zählen.

1.3 Begriffsbestimmungen

HOCHSCHULE

Nach dem Bundesverfassungsgericht sprechen für den Hochschulcharakter einer Institution unter anderem eine selbständige Rechtspersönlichkeit, akademische Selbstverwaltung, Satzungsbefugnis und Hochschulreife als Zugangsvoraussetzung.[13] In dieser Untersuchung werden unter dem Begriff der „Hochschule" alle Universitäten, Gesamthochschulen, Pädagogischen Hochschulen, Theologischen Hochschulen, Kunsthochschulen und Fachhochschulen einschließlich Berufsakademien, sowohl staatliche als auch private, verstanden.[14] Hochschulen mögen differieren, die Unterschiede jedoch können in dieser Arbeit hinten anstehen.[15]

PRIVATE HOCHSCHULE

Hochschulen in Deutschland sind in der Regel staatlich. Die staatlichen Hochschulen werden vom jeweiligen Bundesland finanziert; am Hochschulbau beteiligt sich der Bund nach Maßgabe des Hochschulbauförderungsgesetzes.[16] In immer größerer Zahl treten neben die staatlichen Hochschulen jedoch auch private Hochschulen als nichtstaatliche Hochschulen, die von privatrechtlichen Organisationen errichtet werden. Eine private Hochschule ist eine als Hochschule anerkannte Institution, die von einer privaten natürlichen oder juristischen Person oder mehreren getragen wird und sich überwiegend aus privaten Mitteln finanziert. Wird von deutschen privaten Hochschulen gesprochen,

---

12 Vgl. Topf, Cornelia, Öffentlichkeitsarbeit im Rahmen des Hochschulmarketing. Frankfurt/Main, Berlin, Bern u.a. 1986, S. 45ff. und Trogele, Ulrich, Strategisches Marketing für deutsche Universitäten. Frankfurt/Main, Berlin, Bern u.a. 1995, S. 13.
13 BVerfGE 37, 314 (321).
14 Eine Übersicht mit den derzeit in den Bundesländern geltenden Hochschulgesetzen findet sich bei Thieme, 2004 (3.Auflage), Hochschulrecht, S. 60 ff. (und 80 ff.). Siehe darüber hinaus auch die Übersicht unter www.hochschulverband.de/cms/index.php?id=100 [1.10.2009], vgl. auch Thieme, Werner 2004, Deutsches Hochschulrecht, Köln/Berlin/München.
15 Zuordnungsdiskussion vgl. Wangen-Goss, Margaret, Marketing für Universitäten. Spardorf 1983, S. 13 ff.
16 Tilch, Horst/Arloth, Frank (Hrsg.), Deutsches Rechts-Lexikon, 3. Auflage, München 2001, S. 2252.

bedingt dies, dass ihr Sitz in Deutschland liegt und die Hochschule nach deutschem Recht, also dem Recht des Sitzbundeslandes anerkannt wurde.[17]

NON-PROFIT-MARKETING

In der modernen Gesellschaft muss Marketing in allen Organisationen angewendet werden, die auf der Basis begrenzter Ressourcen mit anderen Gruppen zielgerichtete Austauschbeziehungen betreiben. Dies umfasst auch Non-Profit-Organisationen wie Hochschulen, Stiftungen und Krankenhäuser, deren Ziel nicht in erster Linie die Erzielung von Gewinnen ist. In diesem Sinne verwendet diese Arbeit eine umfassende Definition des Marketings nach Kotler:

„Marketing umfasst die Analyse, die Planung, die Durchführung und die Kontrolle sorgfältig ausgearbeiteter Programme, deren Ziel es ist, freiwillige Austauschvorgänge in spezifischen Märkten zu erzielen und somit das Erreichen der Organisationsziele zu ermöglichen."[18]

Die gilt natürlich gerade für private Hochschulen, auch wenn Sie gemeinnützig organisiert sind.

PARTIZIPATION

Partizipation (aus dem Lateinischen particeps: an etwas teilnehmend; Verb: partizipieren) heißt übersetzt: Beteiligung, Teilhabe, Teilnahme, Mitwirkung, Mitbestimmung, Einbeziehung, Einbringen.[19]

Soziologische Herangehensweise: Hier bedeutet Partizipation die Einbindung von Individuen und Organisationen (sogenannte Stakeholder) in Meinung-, Entscheidungs- und Willensbildungsprozessen. Aus Gründen der Entwicklung zur Mündigkeit, legitimatorischen oder auch aus Gründen gesteigerter Effektivität gilt Partizipation meist in demokratisch-marktwirtschaftlichen Systemen als wünschenswert. Partizipation kann die unterschiedlichsten Beteiligungsformen annehmen (z.B. Bürgerbeteiligung, Interessenverband, Politische Parteien, Gremienarbeit in der Hochschule). Partizipation gilt als gesellschaftlich relevant, weil sie zum Aufbau von sozialem Kapital führen kann und soziales Vertrauen stärkt.

---

17 Sperlich, Andrea, 2006, Was heißt und zu welchem Ende gründet man eine private Hochschule?. In: die hochschule 2/2006, ids.hof.uni-halle.de/documents/t1644.pdf [1.10.2009].
18 Vgl. Kotler, Philip, Marketing für Non-Profit-Organisationen. Stuttgart: Poeschel 1978, S. 5.
19 In Anlehnung an Wikipedia, http://de.wikipedia.org/wiki/Partizipation [01.10.2009, 13:30 Uhr] und Mickel, Wolfgang, (Hrsg.) Handbuch zur politischen Bildung, Bonn, 1999, S. 43.

Pädagogische Herangehensweise[20]: Der Schwerpunkt liegt in der Einbindung von Kindern, Jugendlichen sowie Heranwachsenden, bei allen das Zusammenleben betreffenden Ereignissen und Entscheidungsprozessen. In der Schule werden z.B. Klassensprecher gewählt, diese nehmen an den SV-Stunden teil und berichten den übrigen Klassenkameraden anschließend davon.

Definiert wird Partizipation eine Synthese aus soziologischen und pädagogischen Aspekten. Es bedeutet die Einbindung von Studierenden und auch deren Organisationen in Entscheidungs- und Willensbildungsprozesse. Auch wird in dieser Arbeit vom Aufbau von sozialem und kulturellem Kapital ausgegangen und einer Steigerung des sozialen Vertrauens in demokratische Strukturen. Aus pädagogischer Sicht ist der Aspekt der Mündigkeit[21] hervorzuheben: das Erlernen des Mitbestimmens und Einbringens als Faktor der gesellschaftlichen und ökonomischen Teilhabe.

PARTIZIPATORISCHES HOCHSCHUL-MARKETING

In dieser Untersuchung wird frei nach „Der Mensch im Mittelpunkt unternehmerischen Handelns"[22] unter Partizipatorischem Hochschul-Marketing die mündige und selbstwirksame Integration der Studierenden verstanden. Diese werden als Konsumenten und Produkt der Forschung und Lehre in die Entscheidungs- und Strategiefindung eingebunden, sowie in die operativen Aufgaben des Hochschul-Marketings. So entwickelt sich eine „Corporate Identity" für die Hochschule und ein Orientierungsmuster für die personale Identität, die Persönlichkeitsentwicklung[23] der Studierenden.

2. Zur Ausgangssituation der privaten Hochschulen

Hochschulen sollen nach § 2 Abs. 1 HRG die Forschung und Lehre fördern. Sie erbringen für die Gesellschaft Dienstleistungen, die sich nicht immer klar von Forschung und Lehre trennen lassen, wie z.B. öffentliche Bibliotheken und

---

20 Vgl. Reinhardt, Volker, Partizipation in der Schule, Villingen-Schwenningen, Lehren und Lernen, Juli 2009.
21 Vgl. Mickel, Wolfgang, (Hrsg.) Handbuch zur politischen Bildung, Bonn, 1999, S.43-47.
22 Vgl. Salmon, Robert, Humanes Management als Schlüssel zum Erfolg, Niedernhausen/Ts. 1999, Subtitel.
23 Ebenda, S. 264f. Salmon fordert, dass eine Hochschule in der Lage sein muss, ihre Ideale/Leitbild nach außen tragen muss, „um sie in der Form eines nachhaltigen, ethisch gefärbten […] Images zu präsentieren" (S. 211.) „Damit dies gelingen kann, müssen sie jedoch nicht nur zu dem von ihnen erwarteten, inhaltlich fundierten und auch gerechten Diskurs finden, sondern auch zu kreativen [„..] Maßnahmen, die Lebensfreude und Sinn in der Arbeit vermitteln" (S.211).

Krankenhäuser. Je nach Hochschule sind diese Dimensionen unterschiedlich stark ausgeprägt. Universitäten und Fachhochschulen werden meist staatlich finanziert, private Finanzierung wird nur zu einem geringen Teil und hauptsächlich im Bereich der Forschung eingesetzt.[24]

Die staatliche Hochschulfinanzierung ist Aufgabe der Länder, die die Hoheit über das Bildungswesen haben. Aufgrund der Drittmitteln, die primär für die Forschung erhalten wurden, konnten die Hochschulen im Bundesdurchschnitt 11,8% der Ausgaben bestreiten, bei größeren Investitionen greift der Bund immer noch in die Hochschulfinanzierung stützend oder regulierend ein.[25] Den privaten Hochschulen bleibt diese finanzielle Stütze, aber auch bürokratische Bevormundung erspart.

2.1 Entwicklung der Rahmenbedingungen

Die Anzahl der Studierenden und Studienanfänger an deutschen Hochschulen steigt seit Jahren.[26] Deutlicher und überproportional steigt die Anzahl der Studierenden an privaten Hochschulen von 11.563 Studierenden an privaten Hochschulen im Wintersemester 1992/1993 bis zu 71.130 im Wintersemester 2007/2008.[27]

Der Anteil der Studienanfänger in Deutschland ist im internationalen Vergleich allerdings eher niedrig, was weiteren Handlungsbedarf aufweist.[28] Denn mehr als die Hälfte (54%) der Jugendlichen in den OECD-Ländern beginnen ein Studium. Die Studienanfängerquoten betrugen 2005 in Australien (82%) und Neuseeland (76%), die überdurchschnittlich hohen Anfängerquoten kontrastieren mit der Türkei (27%) und Mexiko (30%). Die Bildungsbeteiligung in Deutschland ist im Hochschulbereich 2005 mit 36% im Vergleich zu 2004 um einen Prozentpunkt zurückgegangen. Diese Zahlen zeigen im internationalen Vergleich einen enormen Nachholbedarf.[29]

---

24 Vgl. Frackmann, Edgar/de Weert, Egbert, Hochschulpolitik in der Bundesrepublik Deutsch-land, in: Goedegebuure, Leo et al. (Hrsg.): Hochschulpolitik im internationalen Vergleich. Gütersloh: Bertelsmann, 1993, S. 68ff.
25 Vgl. ebenda, S. 87ff.
26 Vgl. Statistisches Bundesamt, Hochschulstandort Deutschland 2003. Wiesbaden 2003, S. 5
27 Siehe Anhang 2: Studierendenzahlen an privaten Hochschulen, S. 79.
28 Vgl. Statistisches Bundesamt, Hochschulstandort Deutschland 2003. Wiesbaden 2003, S. 45
29 Vgl. Statistisches Bundesamt, Hochschulstandort Deutschland 2007. Wiesbaden 2007, S. 5, bzw. Anhang 3: Vergleich von Studienanfängerquoten, S. 80.

Erklärtes Ziel der schwarz-gelben Bundesregierung ist es, die Studienanfängerquote anzuheben, um den steigenden Bedarf an wissenschaftlichen Kenntnissen zu decken. Dies wird die Zahl der Studenten weiter steigen lassen. Inwieweit dies mit den Plänen der Bundesregierung kollidiert, die Studiengebühren an staatlichen Hochschulen auszubauen, wird sich noch erweisen. Die Anzahl der Hochschulen in privater Trägerschaft steigt seit Wintersemester 1992 stetig an, von insgesamt damals 18 auf 86 Hochschulen im Wintersemester 2007.[30]

Dies bedeutet eine erhöhte Konkurrenz der privaten Hochschulen untereinander. Diese Situation wird durch den Studienbewerberjahrgang 2012, der Absolventen des G 9 und des G 8 an die Hochschulen entlässt, verschärft. Gerade internationale Vergleiche wie die PISA-Studie der OECD haben gezeigt, dass Deutschland bei der Qualitätsmessung der Bildung nur unterdurchschnittliche Werte aufweist. Durch unter anderem die gestiegene Kompatibilität von Studiengängen und Abschlüssen auf der EU-Ebene, angestoßen durch den Bologna-Prozess und die steigende Mobilität der Studierenden, müssen deutsche Hochschulen sich immer stärker mit der Konkurrenz ausländischer Universitäten auseinandersetzen.

Trotzdem ist der Anteil der Bildungsausländer an der Gesamtzahl der Studierenden in den letzten Jahren kontinuierlich von 6% auf knapp 10% gewachsen. Betrachtet man allerdings die Bildungsausländer nach Herkunftsland, so sieht man, dass die Länder, für die Deutschland ein besonders attraktiver Hochschulstandort ist, meist unzureichende Hochschulstrukturen entwickelt haben. Die meisten Bildungsausländer stammen aus China. Ihre Anzahl ist nach der Jahrtausendwende von 8.700 im Wintersemester 2000/2001 auf 25.600 im Wintersemester 2004/2005 sprunghaft angestiegen. Weitere wichtige Länder sind: Bulgarien (11.800), Polen (11.700), Russische Föderation (10.000) und die Türkei (7.200).[31]

Dies zeigt, dass private Hochschulen durchaus Nachfrager national wie international haben, allerdings in der gegebenen Konkurrenzsituation zu öffentlichen Hochschulen wie auch anderen privaten Bildungseinrichtungen an Attraktivität gewinnen müssen. Dies muss den Nachfragenden auch entsprechend kommuniziert werden, da die Studierenden das Auswahlrecht besitzen.

„Mittelfristig muss es zu einem Wettbewerb der Hochschulen um die Studierenden der Hochschulen und zu einem Wettbewerb der Studierenden um die Hochschulen kommen. […]

---

30 Siehe Anhang 1: Anzahl der Hochschulen nach Trägerschaft, S. 79.
31 Vgl. Statistisches Bundesamt, Hochschulstandort Deutschland 2007. Wiesbaden 2007, S. 26.

Die für die Studienentscheidung erforderliche Transparenz muss über Produkt-Information geschaffen werden."[32]

SOZIOKULTURELLE ENTWICKLUNGEN

Soziokulturelle Entwicklungen betreffen Einstellungen in den Werten, Normen und Aktivitäten der Gesellschaft. In diesem Prozess haben Hochschulen für die Gesellschaft eine hohe Bedeutung. Die Hochschulen müssen auf den dynamischen Wandel in der Gesellschaft reagieren und forschend sinnhafte und zielführende Antworten auf drängende Gegenwartsfragen geben.[33] Sie sorgen in der Lehre zusammen mit dem Berufsausbildungssystem für die Ausbildung breiter Bevölkerungsschichten und damit für die zukünftige Wettbewerbsfähigkeit der Bundesrepublik Deutschland.[34] Die komplexeren Sachverhalte erfordern, dass sich die Ausbildung an den Hochschulen immer mehr von der reinen Wissensvermittlung zu einer Vermittlung von Schlüsselqualifikationen wandeln muss.[35] Diese „Schlüsselqualifikationen" sind „Handlungskompetenzen", die zusammengesetzt sind aus der „Fachkompetenz", der „Sozialkompetenz" und der „Methodenkompetenz".[36] Als Konsequenz müssen die Lehrveranstaltungen an die veränderten Entwicklungen angepasst werden.[37] Die stärkere Betonung der Handlungskompetenz mit einer praxisnäheren Ausbildung führte in der Vergangenheit bereits zur Bildung neuer Hochschultypen wie der Gesamthochschulen, Fachhochschulen und Berufsakademien. „Lebenslanges Lernen" wird aufgrund der immer komplexeren Sachverhalte für Studierende erforderlich, diese müssen

---

32 Vgl. Müller-Böling, Detlef, Die entfesselte Hochschule, Bertelsmann Stiftung: Gütersloh 2000, S. 124f.

33 Ein aktuelles Beispiel ist die Diskussion um die Entwicklung der globalisierten Finanzkrise und die Zukunft der sozialen Marktwirtschaft.

34 Vgl. Frackmann, Edgar/de Weert, Egbert, Hochschulpolitik in der Bundesrepublik Deutschland, in: Goedegebuure, Leo et al. (Hrsg.): Hochschulpolitik im internationalen Vergleich. Gütersloh: Bertelsmann, 1993, S. 75ff.

35 Vgl. Fröböse, Michael, Die Bedeutung der Vermittlung von Schlüsselqualifikationen im Rahmen der universitären Ausbildung von Wirtschaftswissenschaftlern, in: Herausforderungen für das Marketing in Forschung und Lehre, Sternenfels, Berlin 1996, S. 129f.

36 Vgl. Hilger, A. (1996): Das Konzept der Handlungskompetenz als Basis für eine Reform der Hochschulausbildung, in: Herausforderungen für das Marketing in Forschung und Lehre, Sternenfels, Berlin 1996, S. 117ff.

37 Fröböse zeigt, wie neue Veranstaltungsformen wie Fallstudienseminare, Projektseminare oder Projektgruppenarbeit helfen können, Methoden- und Sozialkompetenz zu vermitteln. Vgl. Fröböse, Michael, Möglichkeiten zur Förderung der Handlungskompetenz in der universitären Ausbildung von Wirtschaftswissenschaftlern, in: Herausforderungen für das Marketing in Forschung und Lehre, Sternenfels, Berlin 1996, S. 141ff.

Zusatzqualifikationen, wie Sprachkompetenz, abseits des eigentlichen Fachgebiets und auch nach dem Studium sammeln.[38] Auf diesem Markt können viele private Hochschulen zusätzliche Einnahmen über entgeltliche Angebote wie MBA-Studiengänge, Vorträge, Workshops oder Weiterbildungsseminare erzielen.[39]

Von weiterer Relevanz sind die steigende Zahl von Schülern, die die Hochschulzugangsberechtigung erlangen, dies bedeutet allerdings nur kurzfristig weiter ansteigende Studierendenzahlen, während langfristig die Zahl der Studienanfänger und der Schüler, besonders aufgrund der veränderten demographischen Entwicklungen (Bevölkerungsrückgang) abnehmen wird.[40] Dies kann nur teilweise dadurch kompensiert werden, dass an der Bevölkerung insgesamt in Deutschland Ausländer einen Anteil von 10% haben. Darüber hinaus entfällt ein Bevölkerungsanteil von 17% auf Deutsche mit Migrationshintergrund.[41] Dies verändert den soziokulturellen Hintergrund und damit die Angebotssituation der privaten Hochschulen, die sich auf die veränderte Klientel einstellen muss, will sie sich am Markt behaupten.

Ein weiterer Trend bestätigt die Akzeptanz privater Bildungsanbieter. Dies zeigt sich am Anwachsen der Schülerzahl an Privatschulen. Gerade private Gymnasien und Hochschulen profitieren von dieser steigenden Attraktivität und Akzeptanz, weil sich die Bedeutung von „Wissenschaft" und „Bildung" in der Wissensgesellschaft auch im Bewusstsein der Bevölkerung erhöht.

Hierzu ein paar Belege[42]: Der Anteil der Schüler -innen in Privatschulen beträgt insgesamt 7,1 % im Schuljahr 2006/2007. Der Anteil der Schüler -innen an Gymnasien betrug insgesamt 10,7 % im Schuljahr 2006/2007. Eine besonders auffälliges Phänomen: Gegenüber 1995 ist die Schülerzahl in Privatschulen um

---

38 Vgl. Trogele, Ulrich, Strategisches Marketing für deutsche Universitäten. Frankfurt/Main, Berlin, Bern u.a. 1995, S. 34ff.

39 So haben die Pädagogischen Hochschulen in Baden-Württemberg Weiterbildungsinstitute angegliedert, die Weiter- und Fortbildungsangebote im Tertiären Bereich zur Verfügung stellen.

40 Das statistische Landesamt Baden-Württemberg geht von einem Anstieg der Schülerzahlen bis 2005/06 auf ca. 1,4 Mio. und danach von einem Absinken auf ca. 1 Mio. im Jahre 2015. Statistisches Landesamt Baden-Württemberg (Hrsg.), Entwicklung der Schülerzahlen in Baden-Württemberg von 1980 bis 2015, www.statistik.baden-wuerttemberg.de/Veroeffentl/ .../803408001.pdf [10.10.2009, 12:30 Uhr].

41 Vgl. Statistisches Bundesamt, Hochschulstandort Deutschland 2007. Wiesbaden 2007, S. 25.

42 Zahl der Woche Nr.5 vom 01.02.2005 Marianne Renz Pressemitteilung Nr.524 vom 21.12.2007.

nahezu ein Viertel (+ 24%) gestiegen, während sie an öffentlichen Schulen um gut 3% zurückging. Hierbei haben die Privatschulen den geringsten Anteil bei den Grundschülern, nämlich rund 2%, doch ist hier die Zuwachsrate gegenüber 1995 mit 61% am höchsten. Diese wenigen Zahlen belegen die steigende Akzeptanz der privaten Bildungsanbieter, was aber auch durch die „Krise des Öffentlichen Bildungswesens" (Pisa) begünstigt wird. Langfristig lassen die sinkenden Schüler- und Studierendenzahlen den Wettbewerb zwischen den Anbietern zunehmen. Wenn der Staat nicht gegensteuert, kann sich die Kluft zwischen den „Bildungsgewinnern,„ die die nötigen Ressource[43] aufbringen können, und den „Bildungsverlierern" vertiefen. Für die privaten Hochschulen bedeutet es im öffentlichen Bewusstsein die eigenen Vorteile und Stärken hervorzuheben und somit die Akzeptanz der privaten Hochschulen in der Gesellschaft zu erhöhen. Dies erfordert allerdings auch die notwendige Qualität in Forschung und Lehre.

POLITISCHE ENTWICKLUNGEN

Gefordert wird auf Grund der Finanzmisere der öffentlichen Hand immer deutlicher eine Rechenschaftslegung der Hochschulen gegenüber der Gesellschaft bezüglich der Verwendung öffentlicher Gelder.[44] Die Knappheit der öffentlichen Ressourcen führt zu Reduktion der fluiden Finanzmittel und damit zur Verstärkung des Konkurrenzverhaltens der öffentlichen Hochschulen, aber auch zu einer Neustrukturierung innerhalb der Hochschule, um möglichst viele, der noch vorhandenen staatlichen Mittel zu erhalten. Hierbei ist die Vergabe der Mittel vielfach an bestimmten Forschungskriterien (Exzellenzinitiative[45]) oder die reine Anzahl der Studierenden gebunden. Öffentliche Hochschulpolitik will also die Qualität der Ausbildung verbessern und gleichzeitig die vorhandenen Mittel effizienter nutzen. Ein Beispiel hierfür ist das QualitAS-Lehre Projekt des Bundesministeriums für Bildung und Forschung sowie einiger teilnehmender Hochschulen.[46] Die staatliche Regulierung arbeitet hier mittlerweile verstärkt über

---

43 Siehe „soziales und kulturelles Kapital" Kapitel 2.2.
44 Vgl. Müller-Böling, Detlef, Die entfesselte Hochschule, Bertelsmann Stiftung: Gütersloh 2000, S. 29.
45 Förderung der universitären Spitzenforschung im Rahmen der Exzellenzinitiative sollen „Leuchttürme der Wissenschaft in Deutschland" entstehen, die auch international ausstrahlen. 09.05.2007 [Pressemitteilung des BMFB, Berlin, 098/2007].
46 Ausgangspunkt des Projekts QualitAS-Lehre ist die Ermittlung praktizierter Anreiz- und Steuerungsinstrumente und deren Auswirkungen auf die Qualität der Hochschullehre. Ziel ist es, Handlungsempfehlungen zu Anreizsetzung und Steuerung zu entwickeln, um die Qualität der Bildungsprozesse und Bildungsergebnisse der Hochschulen zu erhöhen. Siehe: http://www.qualitas-lehre.de, [08.10.09, 9Uhr].

die Setzung von Rahmenbedingungen und Wettbewerbsmechanismen mit Zielvereinbarungen und finanziellen Anreizen und gibt den Hochschulen mehr Autonomie und Entscheidungsfreiheit zur Wahrnehmung ihrer Aufgaben.[47] Die Einführung von Studiengebühren ist eine weitere aktuelle Maßnahme, um die Kosten für Hochschulen zu decken,[48] wobei diese jedoch mit den Kosten der privaten Hochschulen noch nicht zu vergleichen sind. Das Studiengebührargument verwischt die Vorteile der staatlichen Hochschulen. Die Regelungen der Länder, die bereits Studiengebühren eingeführt oder beschlossen haben, unterscheiden sich hinsichtlich sachlicher Aspekte zum Teil deutlich voneinander. So variieren der Einführungszeitpunkt, die Gebührenhöhe und die (sozialen) Ausnahmetatbestände von Land zu Land. Ein weiteres wichtiges Unterscheidungsmerkmal ist die Form der Akkreditierung von neuen Studiengängen. Hier wird der Anschluss an Müller-Böling[49] vollzogen, der fordert, dass jede Hochschule über die grundsätzliche Entscheidung- und Entwicklungsfreiheit verfügen sollte, am besten in Übereinstimmung mit einem strategischen Planungsprozess und in Konsistenz mit dem Leitbild der Hochschule. Die staatlichen Hochschulen sind hier bürokratisch eingeschränkt. Die privaten Hochschulen können hier flexibler auf Marktveränderungen reagieren. Akkreditierung ist hier ein Instrument zur Einhaltung von standardübergreifenden Qualitätsmindeststandards.[50] Darüber hinaus fördert es die Transparenz und Vergleichbarkeit von Studienangeboten. Durch die institutionelle Akkreditierung privater Hochschulen ist gleichzeitig eine externe Qualitätsmessung verbunden, die durchaus zur Attraktivität der privaten Hochschule beitragen kann. Dieses Qualitätsmanagement korrespondiert mit den Forderungen nach lebenslangem Lernen und einer bewussten Gestaltung von Schnittstellen zwischen Lern- und Ausbildungsorten und beruflichen Einsatzort. Hier sind die privaten Hochschulen im Vorteil, da z.B. die Alumniarbeit eine solche Schnittstelle darstellt.

Hochschulpolitische Entwicklungen drehen sich im Wesentlichen um die Punkte „Eigenständigkeit" und „Profil", mit dem Ziel, die Konkurrenz unter den Hochschulen zu fördern.[51] „Eigenständigkeit" beinhaltet zum einen die Frage

---

47 Vgl. Müller-Böling, Detlef, Arbeitspapier Nr. 31: Für eine nachfrageorientierte Steuerung des Studienangebotes an Hochschulen. Gütersloh: CHE, 2001, S. 5.

48 Vgl. Statistisches Bundesamt, Hochschulstandort Deutschland 2003. Wiesbaden 2003, S. 7.

49 Vgl. Müller-Böling, Detlef, Die entfesselte Hochschule, Bertelsmann Stiftung: Gütersloh 2000, S. 219 f.

50 Vgl. Ebenda, S. 220 f..

51 Vgl. Neuvians, Klaus, Mehr Eigenverantwortung, weniger Staat. Vortrag, CHE Arbeitspapier Nr. 11, Köln 1995, Bundesverband der Deutschen Industrie (BDI.) (Hrsg.),

der Hochschulfinanzierung, z. B. die Einführung von Studien- und Strafgebühren[52] sowie die Mittelzuteilung und -verwendung. Grundlage ist jedoch die möglichst freie Auswahl der Studierenden und der Hochschullehrer sowie eine marktgerechte Besoldungsstruktur, die nur im Zusammenhang mit einer Dienstrechtreform denkbar ist.[53]

„Profil" hingegen meint die Herausstellung der Besonderheiten einer Hochschule, dies geschieht beispielsweise durch die Gestaltung der Forschung und Lehre. Die Bildungs- und Hochschulpolitik betont immer wieder die zentrale Stellung der Hochschulen als Wissen schaffende und Wissen vermittelnde Institution, die sich aus dem HRG ergibt. Trotz dieser veröffentlichten Intentionen haben sich die Rahmenbedingungen an den Hochschulen in den letzten Jahren tendenziell verschlechtert.[54] So hat sich die Betreuungsrelation (Studierendenzahl je Stelle wissenschaftlichen Personals) an den Universitäten von 11,8 in 1975 auf 18,7 im Jahre 1996 verschlechtert.[55] Laut einer Studie des FORAM beurteilen Studierende die Ausbildungsqualität heute deutlich schlechter als noch vor wenigen Jahren. Als Hauptgrund wird auch hier die geringere Betreuungsintensität genannt.[56] Dies sieht an pr individuelle Bildungsmarktanbieter

---

Wissenschaft und Industrie: Gemeinsam Strategien entwerfen, Pressemitteilung des BDI Nr. 36/00 am 09.04.2000 in Berlin. Quelle: http://www.berlinews.de/archiv/948.shtml [10.9.2009,10:30 Uhr], S. 1ff.

52 Vgl. Centrum für Hochschulentwicklung (CHE) (Hrsg.), Die Zustimmung zu Studiengebühren in Deutschland wächst. Pressemitteilung des CHE vom 03.07.2000. http://www.checoncept.de/cms/?getObject=5&getNewsID=43&getCB=212&getLang=de [09.10.2009, 12:15Uhr], S. 1ff.

53 Zur Dienstrechtsreform und Studierendenauswahl vgl. Bundesverband Deutscher Arbeit-geberverbände BDA/Hochschulrektorenkonferenz HRK (Hrsg.), Qualitätssicherung und Leistungssteigerung an Hochschulen durch Wettbewerb. Berlin 2001, Quelle: www.hrk.de/ de/download/dateien/HRK-Arbeitsbericht_2001.pdf [10.10.2009, 10:30], S.1 ff. Das BMBF stellt bei der Reform des Dienstrechts die Neugestaltung des Qualifikationsweges der Hochschullehrer sowie die Einführung einer leistungsorientierten Besoldungssystems in den Mittelpunkt. Vgl. Bundesministerium für Bildung und Forschung (BMBF.) (Hrsg.), Hochschuldienstrecht für das 21. Jahrhundert. Das Konzept des BMBF. Bundesministerium für Bildung und Forschung, Bonn 2000, S. 3.

54 Zu den Problemen der Hochschulen vgl. Bulmahn, Edelgard, Mut zur Veränderung: Deutschland braucht moderne Hochschulen, Bonn, 1999, S. 2.

55 Vgl. Wissenschaftsrat (Hrsg.), Empfehlungen zur Hochschulentwicklung durch Teilzeitstudium, Multimedia und wissenschaftliche Weiterbildung, Köln 1998, S. 18.

56 Vgl. Hörschgen, H./Cierpka, R./Friese, M./Steinbach, R. (1993): Erfolg in Studium und Beruf . eine empirische Analyse über Erfolgsfaktoren von Wirtschaftswissenschaftlern, Stuttgart-Hohenheim 1993, S. 120.

und Konkurrenten der privaten H ivaten Hochschulen anders aus. Insofern treten die staatlichen Hochschulen als Hochschulen auf und zwingen somit die privaten Hochschulen, gezielter auf ihre Klientel zuzugehen und sie im Laufe des Studiums stärker in der Ausprägung ihrer Schlüsselqualifikationen zu fördern.

ÖKONOMISCHE ENTWICKLUNGEN

In der gegenwärtigen globalen Finanzkrise leidet der deutsche Arbeitsmarkt unter der hohen Arbeitslosigkeit, die auch Akademiker betrifft und der strukturellen Wachstumsschwäche in Deutschland.[57]

Diese dysfunktionale ökonomische Entwicklung beeinflusst die staatlichen Hochschulen, die unmittelbar von Staatsmitteln abhängig sind, wobei die fiskalischen Möglichkeiten der Regierung, ihrerseits wieder von der ökonomischen Wirtschaftslage geprägt werden. Dies führt dazu, dass Hochschulen die ökonomischen Konsequenzen in vollem Maße zu spüren bekommen, was bei den privaten Hochschulen nicht in dem Maße durchschlägt, weil der Prozentsatz der Drittmittel bei den Privaten nur 80 Millionen von 1 Milliarde Euro beträgt, d.h. nur 8%, wohingegen bei den staatlichen Hochschulen 25% (4 Milliarden von 16 Milliarden Euro).[58] Die Drittmitteleinnahmen der Hochschulen stiegen in den letzten Jahren deutlich an, von 2,4 Milliarden Euro im Jahr 1997 auf fast 3,7 Milliarden Euro im Jahr 2005. Der Anteil der Drittmitteleinnahmen am gesamten Ausgabevolumen der Hochschulen lag 2005 im Bundesdurchschnitt bei 11,8%; 1997 waren es 9,2%.[59] Diese Tendenz wird sich auch auf die Ausgaben der Hochschulen niederschlagen: Die staatlichen und privaten Hochschulen gaben im Jahre 2005 31 Milliarden Euro für Forschung, Lehre und Krankenbehandlung aus. 55,4% der Ausgaben wurden vom Hochschulträger finanziert, 44,6% erwirtschafteten die Hochschulen selbst. Die Hochschulen in privater Trägerschaft erhielten von den Studierenden 2006 Beiträge in Höhe von 169 Millionen Euro. Damit konnten knapp 39% der Ausgaben der privaten Hochschulen finanziert werden. Aufgrund der steigenden Studierendenzahlen stiegen die Beiträge 2007 auf 271 Millionen Euro.[60] Diese Mittel wurden zum größten Teil in Strukturverbesserungsmaßnahmen der Hochschule reinvestiert – eine Verdoppelung gegenüber

---

57 Vgl. Statistisches Bundesamt: Hochschulstandort Deutschland 2003, Wiesbaden, 2003, S. 7.
58 Siehe Anhang Faltblatt) „Finanzierung der Hochschulen".
59 Vgl. Statistisches Bundesamt Hochschulstandort Deutschland 2007 Begleitmaterial zur Pressekonferenz am 12. Dezember 2007 in Berlin Wiesbaden 2007, S. 29.
60 Vgl. Statistisches Bundesamt Hochschulstandort Deutschland 2007, Begleitmaterial zur Pressekonferenz am 12. Dezember 2007 in Berlin Wiesbaden 2007, S. 32, und Anhang Faltblatt) „Finanzierung der Hochschulen".

dem Vorjahr –, Sparmaßnahmen in diesem Bereich wären für die privaten Hochschulen enorm wettbewerbsschädigend.

Die knapper werdenden finanziellen Ressourcen und die aktuellen ökonomischen Entwicklungen zeigen nicht in Richtung auf eine Verbesserung der Haushaltslage des Staates und damit auch die der Hochschulen. Selbst wenn die Einnahmen steigen, werden auf Grund der Politik der Haushaltskonsolidierung vieler Bundesländer und der Bundesregierung die Ausgaben des Staates nicht im gleichen Maße steigen. Dies hat zur Folge, dass die Hochschulen mit anderen Politikbereichen in einem stärkeren Verteilungskampf um diese Mittel stehen.[61] Dies führt auch zu einer verstärkten Konkurrenz unter den verschiedenen Hochschularten. Zusätzlich verschärfen solche Entwicklungen den internationalen Wettbewerb unter den Hochschulen, so dass beispielsweise ausländische Hochschulen verstärkt Studierende aus Deutschland akquirieren und ihre Wettbewerbsvorteile, wie beispielsweise bessere Studienbedingungen, ausspielen können.[62]

Wirtschaftliche Entwicklungen beeinflussen die Hochschulen jedoch auch indirekt, weil die Studierenden (als Bildungskonsumenten der Hochschulen) ihre Studienentscheidung selbst auch von ökonomischen Entwicklungen abhängig machen.[63] Studierende können eine Reihe von ökonomischen Faktoren in ihre Überlegungen mit einbeziehen: die Arbeitslosenquote der Absolventen, Gehaltsentwicklungen, usw.. Gleiches bezieht sich auf den Markt für Drittmittel, der ebenfalls von der globalen ökonomischen Gesamtlage beeinflusst wird.

Aus diesem Grunde kann die private Hochschule nicht umhin, neben dem berufsorientierten Fachwissen auch weitergehende Qualifikationen in Abgleich mit der Wirtschaft und deren Anforderungen Schlüsselqualifikationen für den

---

61 Vgl. Erichsen, H.-U. (Hrsg.) (1995): Zur Öffentlichkeitsarbeit der Hochschulen, Empfehlung des 176. Plenums der HRK vom 03.07.1995 in Bonn, S. 2.
62 Der Anteil der Studierenden im Ausland pro 1.000 Studierende an deutschen Hochschulen hat sich im Zeitraum 1980 bis 1998 von 18 auf 27 erhöht. Dies entspricht 44.600 deutsche Studierenden im Ausland 1998 (1980: 17.890). Vgl. Bundesministerium für Bildung und Forschung (BMBF) (Hrsg.) (2000): Hochschuldienstrecht für das 21. Jahrhundert .Das Konzept des BMBF. Bundesministerium für Bildung und Forschung, Bonn 2000, S. 19.
63 Vgl. Trogele, U. (1995): Strategisches Marketing für deutsche Universitäten: die Anwendung von Marketing-Konzepten amerikanischer Hochschulen in deutschen Universitäten, Euro-päische Hochschulschriften, Frankfurt/Main, Berlin, Bern u.a. 1995, S. 38f. Sie Studier-neigung ist seit Anfang der 90er Jahre rückläufig. 1990 lag diese bei 79 Prozent, 1999 nur noch bei 65 Prozent. Vgl. Bundesministerium für Bildung und Forschung (BMBF) (Hrsg.) (2000): Die wirtschaftliche und soziale Lage der Studierenden in der Bundesrepublik Deutschland 2000. Bundesministerium für Bildung und Forschung, Bonn, 2000, S. 7.

Arbeitsmarkt auszubilden (soft skills, usw.). Sinnvollerweise geschieht dies unter Einbezug der Wirtschaft bei der Entwicklung und Ausgestaltung von Studiengängen, um finanzielle Förderung zu erhalten, dies ist auch für Arbeitskräftenachwuchs der Unternehmen von Bedeutung. Diese Netzwerkbildung soll auch den Studierenden zugute kommen um frühzeitig mögliche Arbeitgeber kennen zu lernen.

TECHNOLOGISCHE ENTWICKLUNGEN

Als Exportweltmeister exportierte Deutschland im Jahr 2005 428,3 Milliarden Euro an forschungsintensiven Industriewaren. Einen wesentlichen Schwerpunkt daran hat der Export von Technologiegütern.

„Bei den weltmarktrelevanten Patenten liegt Deutschland mit 288 Patentanmeldungen je Million Erwerbstätige im internationalen Vergleich an sechster Stelle, noch vor den USA (245) und deutlich über dem OECD-Durchschnitt (173)."[64]

Dieser anwachsende Wettbewerb mit den immer weiter aufholenden Ländern kann von Deutschland nur durch konsequente Förderung innovatorischer Forschungs- und Vermittlungsarbeit gewonnen werden. Fast alle wichtigen Industriestaaten haben den Ausbau hochqualifizierter Beschäftigung vorangetrieben und sich damit seit Beginn der 90er Jahre auf dem Innovationsmarkt besser positioniert und diesen Vorteil auch entsprechend nutzen können. Deutschland braucht eine „Qualifizierungsoffensive", denn bereits jetzt stehen in einigen Branchen nicht mehr genügend Fachkräfte mit Hochschulabschluss zur Verfügung.[65] Der Bericht spricht sich dafür aus, alle Möglichkeiten zu nutzen, um kurzfristig den deutschen Unternehmen eine verstärkte Rekrutierung dringend benötigter Fachkräfte auf dem internationalen Arbeitsmarkt zu ermöglichen, mittelfristig die Abbrecherquoten an den Hochschulen zu senken und langfristig den Anteil der Studienberechtigten zu erhöhen. Zudem ist die Beteiligung von Frauen in Wissenschaft, Forschung und Technik in Deutschland geringer als im europäischen Vergleich. Hier ginge es darum, das Studieninteresse von Frauen an den ingenieur- und naturwissenschaftlichen Studiengängen nur um wenige Prozentpunkte zu steigern, dies würde einen enormen Mobilisierungseffekt hervorbringen und den technologierelevanten Arbeitskräftemangel

---

64 Siehe Bericht zur technologischen Leistungsfähigkeit Deutschlands, BMFB, 2007, http://www.technologische-leistungsfaehigkeit.de/de/1869.php. [08.10.2009, 10Uhr].

65 Im Rahmen einer Projektion errechnet der Bericht zur Technologischen Leistungsfähigkeit bis zum Jahr 2014 selbst bei konservativen Annahmen einen jährlichen Fehlbedarf an Ingenieuren und anderen Akademikern von 41.000 bis 62.000. Siehe Bericht zur technolo-gischen Leistungsfähigkeit Deutschlands, BMFB, 2007, http://www. technologische-leistungsfaehigkeit.de/de/1869.php. [08.10.2009, 10Uhr].

minimieren. Dies ist notwendig, insofern Forschung und Entwicklung sowie erfolgreiche Innovationsaktivitäten gut bis exzellent ausgebildete Fachkräfte benötigen.

Gerade ein ressourcenarmes Land wie Deutschland ist auf Human-kapital angewiesen, um seine langfristige Wettbewerbsfähigkeit zu erhalten. Bei den technologischen Entwicklungen sind vor allem die Neuerungen in der Informations- und Kommunikationstechnologie von Bedeutung. Diese Entwicklungen bringen einschneidende Veränderungen auch für die (privaten) Hochschulen mit sich. Vorlesungen waren bis dato auf die physische Anwesenheit eines Lehrenden angewiesen und unterlagen damit gewissen Restriktionen (räumlich, zeitlich und mengenmäßig). Die Entwicklungen in der Informations- und Kommunikationstechnologie machen es jetzt dagegen möglich, diese Beschränkungen zu überwinden. Vorlesungen können gespeichert werden und machen so die physische Anwesenheit eines Lehrenden überflüssig. Dazu können Sie zumindest theoretisch – zu jeder Zeit und an jedem Ort in unbegrenzter Zahl verbreitet werden, was den internationalen Wettbewerb verschärft.[66] Die deutschen Hochschulen müssen auf die gezeigten Entwicklungen reagieren und sich dem technologischen Wettbewerb stellen. Die Hochschulen können somit auf die veränderten Studienbedürfnisse eingehen, in dem sie beispielsweise neue Lehr-Lern-Angebote unterbreiten. Besonders die Postgradualen und internationalen Angebote werden von Studierenden in Zukunft verstärkt nachgefragt, häufig als berufsbegleitende Studienangebote.[67]

Dazu ist es notwendig, dass die Hochschulen ihre Märkte genau kennen. Gerade private Hochschulen können hier aufgrund ihrer besseren und flexibleren Vernetzung punkten. Beweise für die Realisierung dieses Szenarios sind Lernplattformen (z.B.: Moodle), Hochschulintranets, Nachrichtenblogs, Lernchats oder Wikis, die die Informationsweitergabe revolutioniert haben. Auch Lerngruppen via online Gruppengesprächen (z.B.: über Skype) erfreuen sich aufgrund der räumlichen Trennung von Studienort und Wohnort immer größerer Verbreitung. Die Methodenkompetenz zur Organisation von E-Learning-formen muss hierzu erheblich ausgeweitet und ausgebaut werden. Hierzu müssen auch Ressourcen und Anregungen von der Hochschule zur Verfügung gestellt werden.

---

66 Vgl. Encarnaçáo, J./Leidhold, W./Reuter, A. (2000): Szenario 2005: Die Universitäten im Jahre 2005, in: Informatik Spektrum vom 23. August 2000, S. 264-270.

67 Vgl. Wissenschaftsrat (Hrsg.) (1998): Empfehlungen zur Hochschulentwicklung durch Teilzeitstudium, Multimedia und wissenschaftliche Weiterbildung, Köln 1998, S. 7ff.

Die muss auch von der Hochschule, im Studienalltag, gewünscht und gefördert werden.

Hier sind auch die Dozenten und die Verwaltung gefragt, die die erforderlichen Studieninhalte und Diskussionspapiere, für die Studierenden zugänglich online zu stellen. Die bedeutet, dass die privaten Hochschulen die technologische Entwicklung und deren methodische Vermittlung auch als internationalen Wettbewerbsvorteil begreifen und nutzen sollten.

2.2 Identitätsförderung als Erfolgsfaktor

Die Gesellschaft der bundesrepublikanischen Realität des Jahres 2009 wird von Sozialwissenschaftlern als „reflexible Moderne"[68], als fluide Gesellschaft bezeichnet, dieses „Leben in Bewegung" ist charakterisiert durch folgende Dimensionen:

1. INDIVIDUALISIERUNG: *„Die Subjekte erleben sich als Darsteller auf einer gesellschaftlichen Bühne ohne, dass ihnen fertige Drehbücher geliefert werden."* [69]

   So wird das Leben in der von Stehr[70] als Wissensgesellschaft[71] charakterisierten heutigen Gesellschaft vor allem durch Entgrenzung, Flexibilität, Mobilität, und Enttraditionalisierung gekennzeichnet, dies bezieht sich auch auf die flexible Konstruktion der Geschlechterrollen. Das bedeutet, dass sich Individuen heute keine vorgegebenen Rollenstrukturen bedienen können, um sich ihren eigenen Lebenslauf zu sichern.

2. PLURALISIERUNG: meint die Gleichwertigkeit von unterschiedlichen, auch widersprüchlichen Werten. Dies bedeutet, das Individuum muss eine bewusste Wert-Entscheidung treffen. Es muss sich einen eigenen „Werte-Mix" zusammenstellen und kann sich nicht auf Vorgegebenes verlassen.

3. WERTEWANDEL: hiermit ist der Wandel von Sicherheits- hin zu Selbstverwirklichungswerten gemeint. Dies hat Auswirkungen auf die Identitätsbildung und die Bildungsarbeit.[72]

4. GLOBALISIERUNG: weist auf die Vernetzung nationaler Ökonomien und Staaten hin.

5. DIGITALISIERUNG: zeigt die Dominanz von Computern, Internet und Neuen-Medien in Bildung, Wirtschaft und Politik.[73]

---

68 Vgl. Keupp, Heiner, „Identitäten in der Ambivalenz der Postmodernen Gesellschaft". Vortrag, Benediktbeuren, 2002, S. 1 ff.; Keupp, Heiner, „Patchwork-Identität - Riskante Chancen bei prekären Ressourcen". Vortrag, 2005, S. 1 ff.; Keupp, Heiner, Bildung zwischen Anpassung und Lebenskunst. Vortrag, St. Johann im Pongau, 2006, S. 1ff.

69 Vgl. Keupp, Heiner, Identitätskonstruktionen. Fachtagung zur Erlebnispädagogik, Magdeburg, 2003, S. 9.

70 Vgl. Stehr, Nico, Eine Welt aus Wissen. In: Fatke, Reinhard; Merkens, Hans (Hrsg.) 2006, Bildung über die Lebenszeit, Wiesbaden 2006, S. 97-107.

71 Vgl. Kübler, Hans-Dieter/Elling, Elmar, (Hrsg.), Wissensgesellschaft. Neue Medien und ihre Konsequenzen, Bonn, 2004, besonders S. 8-20.

72 Siehe Anhang 4:. Wertewandel, S. 81.

HOCHSCHULE ALS ORIENTIERUNGSHILFE

Die gesellschaftliche Gefahr besteht darin, dass sich die Individuen in der Moderne „vertrieben" bzw. „entwurzelt" fühlen, [74] Keupp spricht von Desorientierung oder Orientierungslosigkeit als „Disembedding[75]". Dies bedeutet für die Hochschule, dass „Orientierung" vermittelt werden auf muss, sollen die Individuen in dieser Gesellschaft handlungsfähig sein, so sind sie „Bildung[76]" angewiesen, um „selbstbestimmt und selbstwirksam den eigenen Weg in einer komplexen Gesellschaft gehen zu können". Damit hängt zusammen, dass für eine gelingende Lebensbewältigung durch „lebenslanges Lernen [77] " spezifische Grundkompetenzen herausgebildet werden müssen wie Teamarbeit, Informationsmanagement, und Kompetenzüberzeugung. Kompetenzüberzeugung setzt sich zusammen aus: Selbstwirksamkeitsüberzeugung, ein positives Fähigkeitskonzept und Selbstorganisation. Fend [78] plausibilisiert den engen Zusammenhang von Bildungserfahrungen und produktiver Lebensbewältigung. „Erfolg[79]" in der flexiblen und mobilen Umwelt kann dann als solcher verbucht werden, wenn soziale Zugehörigkeit, soziale Teilhabe mit einer gelungenen Beziehung zu sich selbst verknüpft ist, dies heißt: Autonomie auf der einen Seite, sowie Selbstwert und Selbstwirksamkeit auf der anderen Seite, erfahren werden können.

Hier ist die Hochschule gefragt, denn sie ist die wesentliche Lern- und Bildungserfahrung die Studierende für ihren beruflichen Lebensstart mitnehmen. Die Hochschule hat die gesellschaftliche Aufgabe mündige und handlungsfähige Bürger heranzubilden. Dies bedeutet, dass die Studierenden sich erfolgreich an der Gesellschaft beteiligen können aber auch in der Hochschule sich integrieren und an Entscheidungsprozessen partizipieren wollen. Um auf erfolgreiche Lernerfahrungen im späteren Berufsleben zurückgreifen zu können.

---

73 Ebenda.
74 Vgl. Keupp, Heiner, Bildung zwischen Anpassung und Lebenskunst. Vortrag, St. Johann im Pongau, 2006, S. 14.
75 Ders. Identitätskonstruktionen, Magdeburg, 2003, S. 4; Ders. Bildung zwischen Anpassung und Lebenskunst. St. Johann im Pongau, 2006, S. 4.
76 Ders. Identitätskonstruktionen, Magdeburg, 2003, S. 14; Ders. Bildung zwischen Anpassung und Lebenskunst. St. Johann im Pongau, 2006 S. 8.
77 Vgl. Spiel, Christiane, Grundkompetenzen für lebenslanges Lernen. In: Fatke, Reinhard; Merkens, Hans (Hrsg.) 2006, Bildung über die Lebenszeit, Wiesbaden 2006, S. 85-96.
78 Vgl. Fend, Helmut, Bildungserfahrung und produktive Lebensbewältigung, In: Fatke, Reinhard; Merkens, Hans (Hrsg.) 2006, Bildung über die Lebenszeit, Wiesbaden 2006, S. 31-55.
79 Ebenda, S. 52f.

Hierzu fordert Keupp „Einbettende Kulturen", die Erfahrung der Zugehörigkeit, ein Kontext der Anerkennung und die Beteiligung am alltäglichen interkulturellen Diskurs. Dies bietet die Chance auf ein effektives Agieren im sozialen Netz-Werk.[80] Hierdurch wird „soziales Kapital" bei Studierenden gebildet, welches die Basis für erfolgreiche Lebensentwürfe darstellt und für die Hochschule wissenschaftliche und soziale Weiterentwicklung bedeutet. Hierzu sind von den potentiellen Abnehmern der Studierenden in Wirtschaft, Kultur und Politik nachgefragte „Schlüsselkompetenzen" auszubilden. Doch um diese Bildungs- und Lernerfahrungen selbstwirksam gestalten zu können, sind materielle, soziale und individuelle Ressourcen von den Hochschulen zur Verfügung zu stellen.[81] Eine materielle Basissicherung hält die Optionen für Bildung und mehr aufrecht. Hiermit ist der Zugang zu materiellen Ressourcen gemeint (Verfügbarkeit über Geld, Arbeit, Wohnung etc.). Dies bedeutet für die Hochschule, dass Seminar-, Gruppenarbeits-Räume, Bücher, Lernmedien (PCs, Internetzugänge) zur Verfügung gestellt werden müssen. Sozialpsychologisch sind „Einbettende Kulturen" für die studentischen Lernerfolge notwendig. Das bedeutet, sie müssen die Erfahrung der Zugehörigkeit machen, einen Kontext der Anerkennung erleben können. Die Beteiligung am alltäglichen interkulturellen Diskurs bietet die Chance auf ein effektives Agieren im sozialen Netz-Werk. Dies stellt das „soziale Kapital" der Studierenden dar, auf dessen Grundlage berufliche und persönliche Lebensentwürfe realisiert werden können. Zentral ist hierfür für Keupp die individuelle Gestaltungskompetenz, die sich in der Schlüsselqualifikation des „boundary management[82]" niederschlägt. Er definiert dies folgendermaßen:

„In einem soziokulturellem Raum der Überschreitung fast aller Grenzen wird es immer mehr zu einer individuellen oder lebensweltspezifischen Leistung, die für das eigene „gute Leben" notwendigen Grenzmarkierungen zu setzen. [...] Letztlich kommt es darauf an, dass Subjekte lernen müssen, ihre eigenen Grenzen zu finden und zu ziehen, auf der Ebene der Identität, der Werte, der sozialen Beziehungen und der kollektiven Einbettung."

Hinzukommen zivilgesellschaftliche Basiskompetenzen, wie Selbstoptimierung, eigenverantwortliche Selbstpflege, die im Studienzusammenhang erfahrbar gemacht werden müssen. Um Lebenskohärenz, das heißt eine individuelle Lebensgeschichte und Biografie in einer hochpluralisierten Gesellschaft gewinnen zu

---

80 Vgl. Keupp, Heiner, Identitätskonstruktionen. Fachtagung zur Erlebnispädagogik, Magdeburg, 2003, S. 14.
81 Vgl. Keupp, Heiner, Bildung zwischen Anpassung und Lebenskunst, St. Johann im Pongau, 2006, S. 8-13.
82 Ebenda, S. 9; ders. 2003, Identitätskonstruktionen, S. 12-20. Ders. 2006, Bildung zwischen Anpassung und Lebenskunst, S. 13-16.

können, sind die Individuen, also auch die Studierenden darauf an-gewiesen, Identitätsarbeit zu leisten, dies bedeutet, sie sind gezwungen, aus dem Strom der Selbsterfahrung durch emotionale, körperliche, soziale, kognitive Prozesse „symbolisches Kapital", also Intelligenz, Wissen und Bildung und produkt-orientierte selbstthematisierende Reflexionsprozesse aus Teilidentitäten einen Gesamtzusammenhang zu knüpfen. Diesen hochkomplexen Persönlichkeitsbildungsprozess muss die Hochschule unterstützen, soll der Ausbildungs- und Berufsfindungsprozess erfolgreich verlaufen. Diese Identitätsarbeit ist sozial als Anpassungsprozess zu verstehen, dessen positives Feedback sich durch „Anerkennung" erweist, also die Ermöglichung positiver Rückmeldung innerhalb des Studiums.

VERMITTLUNG VON BASISKOMPETENZEN

Nach innen orientiert sich der Synthese- und Verknüpfungsprozess an „authentischer Stimmigkeit" und in der Kohärenz der je eigenen Lebenserzählung, die den biografisch-konsistenten Lebenszusammenhang stiftet, für Studierende in einer Lernphase, die mit Orientierungsproblemen einhergeht eine Notwendigkeit, die von der Hochschule unterstützt werden kann.

Hierzu sind Schlüsselkompetenzen auszubilden wie

1. IDENTITÄTSKOMPETENZ: Diese bedeutet die Erarbeitung einer reflexiven Position und „die Fähigkeit zum aufrechten Gang" sowie die Konstruktion von Sinn innerhalb einer kohärenten Lebensnarration.
2. TECHNOLOGISCHE UND ÖKOLOGISCHE KOMPETENZ: Die Subjekte müssen über die Bedienkompetenz Sensibilität gegenüber den Sekundäreffekten entwickeln, also den pfleglichen Umgang mit Menschen und ihrer natürlichen und kulturellen Umwelt ermöglichen.
3. GERECHTIGKEITSKOMPETENZ: Sensibilität für Enteignungs- und Entwurzelungserfahrungen. (*Boundary-Management*).
4. HISTORISCHE KOMPETENZ: Erinnerungs- und Utopiefähigkeit. Die Beschleunigung der technischen, sozialen und kulturellen Entwicklung verursacht beständig ein Veralten, eine Entwertung oder die Umwertung von Gewohnheiten, Wissen, Normen und Zielen der Menschen.
5. SELBSTSORGEKOMPETENZ: Zivilgesellschaftliche Kompetenz entsteht dadurch, *„dass man sich um sich selbst und für andere sorgt, dass man in die Lage versetzt ist, selber Entscheidungen zu fällen und eine Kontrolle über die eigenen Lebensumstände auszuüben sowie dadurch, dass die Gesellschaft, in der man lebt, Bedingungen herstellt, die allen ihren Bürgerinnen und Bürgern dies ermöglichen"* (Ottawa Charta 1986). Die „kluge Selbstsorge" zielt auf „Lebenskunst". Die Diskussion von Schlüsselkompetenzen für eine gelingende Identität zeigt, dass diese sich nur in einem längeren Prozess herausbilden, nicht nur als Gegenstand von institutionalisierter Bildung und Erziehung, sondern auch in anderen Sozialisationsbezügen, in denen Menschen ermuntert und in den oben genannten Haltungen bestärkt werden. *„Bildung*

ist wesentlich auch die Entwicklung von Eigensinn, von Wissens- und Urteilsvorräten, die nicht immer gleich anwendungsfähig sind und aufgebraucht werden. Nur das macht Menschen widerstandsfähig gegen Manipulationen und Verführungen."[83]

Dies bestärkt wieder die Dimension des „lebenslangen Lernens" und widerspricht dem kurzfristigen Lernen, dem lernen auf die nächste Modulklausur. Das erfordert entsprechende Schwerpunktsetzungen in der Bildungspolitik und Hochschulpolitik. Angesichts des sozialen Wandels in der Gegenwart der fluiden Wissens-Gesellschaft sind Bildungsinhalte von schnellem Veralten betroffen, deshalb verändern sich die Aufgaben von Hochschulen, nehmen wir die Gedanken von Keupp ernst, in dem Sinne, dass stärker auf die selbstwirksamen Schlüsselqualifikationen (Identitätsarbeit, Eigensinn, Boundary-Management) fokussiert werden muss. Diese gilt es zu ermutigen, herauszufordern und durch Begleitung und Anleitung herauszubilden, sollen die Absolventen der Hochschule *„selbst-bestimmt und selbstwirksam den eigenen Weg in einer komplexen Gesellschaft gehen können".*[84] Die Hochschule benötigt erfolgreiche Absolventen für eine positive wissenschaftliche Reputation und ihren Erfolg auf dem Bildungsmarkt. Die Absolventen können insofern als Qualitätsmaßstab für Forschung und Lehre gesehen werden.

Aufgrund der Gegebenheiten der fluiden Gesellschaft und dem schnellen technologischen und sozialen Wandel, muss sich die Hochschule in ihrer Lehre anpassen. Hierfür muss sie ihre mündigen Studierenden im ständigen kommunikativen, institutionalisierten Kontext einbinden, um eine permanente Qualitätsverbesserung zu erreichen.

3. Allgemeines Marketing für private Hochschulen

Die in Kapitel 2 beschriebenen Entwicklungen muss die Hochschule als Chance sehen: Sie muss ihre Qualitätsentwicklung vorantreiben und durch eine Selbst-Evaluation die eigenen Stärken und Schwächen bewusst werden zu lassen. Auf dieser Feststellung des Status quo aufbauend sollte sich die Hochschule ein an ihren Stärken orientiertes Profil erarbeiten.[85] So kann sie sich von der Konkurrenz abheben und macht sich für ihre studieninteressierte Zielgruppen attraktiver. Entsprechend ihrer Positionierung auf dem Bildungsmarkt entwickelt die Hochschule ein Leitbild und darauf aufbauend eine langfristige Strategie, die die Rahmen-

---

83 Vgl. Keupp, Heiner, Bildung zwischen Anpassung und Lebenskunst. St. Johann im Pongau, 2006, S. 16.
84 Ebenda, S. 8.
85 Vgl. Müller-Böling, Detlef, Die entfesselte Hochschule, Bertelsmann Stiftung: Gütersloh 2000, S. 143.

struktur für alle weiteren hochschulpolitischen Maßnahmen darstellt. Die Hochschule muss attraktive Leistungen erbringen und ihren Interessentengruppen auf den Ebenen von Hochschulstandort, Hochschule und Fachbereich kommunizieren, um in der Konkurrenz der Hochschulen erfolgreich bestehen zu können.

3.1 Besonderheiten

Allgemein gesprochen ist Marketing die bewusst marktorientierte Führung des gesamten Unternehmens oder marktorientiertes Entscheidungsverhalten in der Unternehmung.[86] Das Hochschulmarketing stellt bislang keinen selbstständigen Ansatz im Marketing dar. Es werden vielmehr Bestandteile des Non-Profit-Marketing und des Dienstleistungsmarketing auf den Hochschulbereich angewandt, welche die Besonderheiten der Hochschulen berücksichtigen.[87] Ich persönlich ordne hier das Marketing für private Hochschulen am nächsten der Definition von Meffert/Bruhn[88] bei:

„Dienstleistungen sind selbstständige, marktfähige Leistungen, die mit der Bereitstellung und/oder dem Einsatz von Leistungsfähigkeiten verbunden sind [Lehrveranstaltungen, Module, Skripte, Bücher,…]. *Interne und externe Faktoren werden im Rahmen des Erstellungsprozesses kombiniert* [Gebäude, Personal, Ausstattung, Bibliothek, PCs, Netzwerke]. *Die Faktorenkombination des Dienstleistungsanbieters wird mit dem Ziel eingesetzt, an den externen Faktoren* [Menschen] […] *nutzenstiftende Wirkungen zu erzielen* [Lehre, Bildung, Schlüsselkompetenzen, Handlungsfähigkeit im späteren Berufsfeld].“

Hier einige Besonderheiten der Hochschulen, die bei der Übertragung des Begriffes „Dienstleistungs-Marketing" auf die privaten Hochschulen zu berücksichtigen sind:

- Die Entscheidung für ein Studium an einer Hochschule ist in der Regel eine einmalige Entscheidung.
- Studierende sind gleichzeitig Nachfrager und Produzenten im Leistungsprogramm.[89]
- Das Leistungsprogramm einer Hochschule ist auf Grund des gesetzlichen Auftrags nicht beliebig variierbar (Forschung und Lehre).[90]
- Das Produkt Studium hat keinen in der Zukunft direkt rechenbaren Preis, da sich der Nutzen erst in der beruflichen Zukunft des Hochschulabsolventen erweisen muss.

---

86 Vgl. Meffert, Heribert, Marketing: Grundlagen Marktorientierter Unternehmensführung: Konzepte. Wiesbaden 1998, S. 7. Der Begriff der Unternehmung wird hier im Sinne einer Organisation gesehen.
87 Vgl. Tutt, Lars, Der Studienentscheidungsprozess. Duisburg 1997, S. 6.
88 Meffert, Heribert/ Bruhn, Manfred, Dienstleistungsmarketing. Wiesbaden 2009, S. 19.
89 Vgl. Tutt, Lars, Der Studienentscheidungsprozess. Duisburg 1997, S. 7.
90 Ebenda, S. 7.

- Viele Hochschulen sind aufgrund unklarer Bewerberzahlen in der Wahl ihrer Studierenden nicht immer frei.
- Die Besoldungsstruktur ist nur zum geringen Teil leistungsbezogen, meist jedoch zeitbezogen.[91]
- Die Fakultäten sind in ihren Entscheidungen relativ autonom.
- Hochschulen haben es mit weit mehr Interessengruppen zu tun als Organisationen im erwerbswirtschaftlichen Bereich.[92]
- Deutsche private Hochschulen sind zum Teil vom Staat abhängig aufgrund gesetzlicher Vorgaben, Zuschüsse und Akkreditierung.

Darüber hinaus existieren in der Literatur die beiden folgenden Wertvorstellungen:

- Forschung und Lehre dürfen nicht von einzelnen Interessengruppen abhängig gemacht werden.[93]
- Eine gleich bleibend hohe Leistungsqualität ist unerlässlich.[94]

Private Hochschulen sind einem Dienstleistungsunternehmen nach Müller/Böling sehr nahe, allerdings wird hier der Forschungsbereich rein nach einer Input–Output-Rechnung bewertet, welche nicht ausreicht, um „Innovation", „Forschung" und „neue Lernwege" zu beurteilen. Diese muss sich von der Ausrichtung her einer langfristigen Strategie, einer Vision zuordnen lassen, um bewert- und messbar zu werden.[95]

---

91 Vgl. Bundesverband Deutscher Arbeitgeberverbände BDA /Hochschulrektorenkonferenz HRK (Hrsg.), Qualitätssicherung und Leistungssteigerung an Hochschulen durch Wettbewerb. Berlin 2001, Quelle: www.hrk.de/de/download/dateien/HRK-Arbeitsbericht_2001.pdf [10.10. 2009, 10:30], S. 3 ff.

92 Vgl. Kaapke, Andreas, Strategisches Marketing für Non-Business-Organisationen, in: Herausforderungen für das Marketing in Forschung und Lehre, hrsg. von Hörschgen, H., Froböse, M. Sternenfels, Berlin 1996, S. 102 und Wangen-Goss, Margaret, Marketing für Universitäten. Spardorf 1983, S. 65 ff.

93 Vgl. Blum, Jürgen, Wissenschaftsmanagement. Standort, Perspektive, in: Wissenschaftsmanagement. hrsg. von J. Blum, Stuttgart 1993, S. 26 ff.

94 Vgl. Kotler, Philip /Fox, Karen, Strategic Marketing for Educational Institutions, New Jersey 1985, S. 225, Bundesverband Deutscher Arbeitgeberverbände BDA/Hochschulrektorenkonferenz HRK (Hrsg.), Qualitätssicherung und Leistungssteigerung an Hochschulen durch Wettbewerb. Berlin 2001, Quelle: www.hrk.de/de/download/dateien/HRK-Arbeitsbericht_2001.pdf [10.10.2009, 10:30], S. 1ff., Meffert, Heribert, Marketing: Grund-lagen Marktorientierter Unternehmensführung: Konzepte. Wiesbaden 1998, S. 1071ff., Kotler, Philip, Marketing-Management: Analyse, Planung, Umsetzung, Stuttgart 1999, S. 725.

95 Vgl. Müller-Böling, Detlef, Die entfesselte Hochschule, Bertelsmann Stiftung: Gütersloh 2000, S. 24 f.

3.2 Strategische Ziele

Eine private Hochschule muss, um sich in der Konkurrenz behaupten und abgrenzen zu können, über eine klare Identität (Corporate Identity) verfügen. Dazu ist es sinnvoll, ein Leitbild zu entwickeln, dem sich alle Lehr- und Studien-Aktivitäten der Hochschule zuordnen lassen.[96] Aus diesem Leitbild lassen sich Grob- und Feinziele der Hochschule und ihrer Fachbereiche herauskristallisieren. Dieser Prozess kann bis zur Feinformulierung von Lernzielen für einzelne Basis-Lehrveranstaltungen herunter reichen.

„Wenn das dann steht dann haben wir auch unsere Qualitätskriterien alle klar und wissen auch in welche Richtung wir unsere Qualität entwickeln. "[97]

Diese definierten übergreifenden und Modul-Ziele dienen den Studierenden als Orientierungsraster im Studium bzw. schon bei der Auswahl der Hochschule. Hieraus kann sich, durchaus als eine positive „Nebenwirkung", eine Senkung der Abbrecherquote sowie eine stärkere Bindung der Studierenden an die Hochschule entwickeln. Zielformulierungen strukturieren das Lehr-Lernhandeln der Hochschule selbst, sie tragen somit wesentlich zur Qualitätssicherung bei, da sich alle Aktivitäten an Hand dieser definierten Zielvorgaben messen lassen. Festzuhalten bleibt jedoch, dass Leitbild-Zielformulierungen nur dann sinnstiftend und zielführend sind, wenn die Hochschule diese in einem engen Dialog mit ihren relevanten Interessengruppen weitgehend im Konsens entwickelt und gemeinsam mit diesen ihre Ziele regelmäßig diskutiert und aktualisiert.

Der Marktbegriff lässt sich sinnvoll auf den Studienanfängermarkt beziehen. Unter einem relevanten Studienanfängermarkt wird derjenige Markt verstanden, aus dem die Hochschule ihre Studierenden für ihr jeweiliges Angebot rekrutieren kann und will, und der von der Hochschule für jedes ihrer Studiengänge klar abgegrenzt wurde. Dies wiederum setzt voraus, dass sich die Hochschule eine klare Vorstellung über die relevanten Studienanfänger-Märkte und ein ihr entsprechendes Studienangebot erstellt. Dazu muss eine Studienanfänger-Analyse, der zukünftigen Konsumenten, als auch eine Analyse der Anbieter und Konkurrenten auf diesem Markt vorliegen. Nur aufgrund dieser Analysen kann eine strategische Planung für diese hochschulrelevanten Märkte vorgenommen werden. Von übergeordneter Bedeutung ist die Einteilung der

---

96 Vgl. Kotler, Philip /Fox, Karen, Strategic Marketing for Educational Institutions, New Jersey 1985, S. 122.

97 Siehe Anhang 7: Interview mit Herrn Krüger, S. 85.

Studienanfänger in klar definierte Zielgruppen, um so ein adäquates Ansprechen der Zielgruppen zu ermöglichen.[98]

Durch die Leitbildentwicklung bildet sich aus dem Marketing ein „strategisches Marketing", das auch als eine „Führungsphilosophie" verstanden werden kann, die über die langfristige Zielsetzung und Planung der Hochschule entscheidet, woraus sich ein Marketingkonzept mit allen marktpolitischen Instrumenten ableiten lässt.[99] Strategisches Marketing verstehe ich hier mit Hellwig-Beck[100] als ein systematisches, ganzheitliches, interaktives, potenzialorientiertes und langfristiges Konzept. Hieraus entsteht die strategisch-langfristige Leistungsplanung für die gesamte Hochschule. Von dieser Grundlage ausgehend werden alle weiteren Schritte in einem strategischen Marketingplan aufeinander aufbauend integriert. In diesem werden nicht die einzelnen, kurzfristigen Marketing-Maßnahmen, sondern vielmehr die Rahmenbedingungen und Grobstrukturen festgelegt, in dem sich die Strategie entfalten soll.

Dazu gehört die grundsätzliche Positionierung der Hochschule am Markt. Das Ergebnis dieses Prozesses ist ein strategischer Marketingplan, der die langfristige Zielrichtung bestimmt und die strategische Orientierung der Hochschule (beispielsweise Nischen- vs. Massenhochschule, regionale vs. nationale oder inter-nationale Hochschule) bestimmt. Dieser Marketingplan muss in ständigen Rückkoppelungsschleifen hinterfragt, aktualisiert und optimiert werden, um auf Veränderungen in der Hochschulumwelt angemessen reagieren zu können.

3.3 Marketing-Management

Das strategische Hochschulmarketing beinhaltet als Marketing-Management die Analyse, Planung, Durchführung und Kontrolle von Programmen, deren Intention es ist, erwünschte Austauschbeziehungen mit bestimmten Zielgruppen zum Zweck des eigenen oder beiderseitigen Vorteils herbeizuführen.[101] Hierbei ist die wichtigste Aufgabe des Hochschul-Marketing-Managements die Formulierung

---

98 Zur Marktsegmentierung siehe Punkt 1.2. Zur Diskussion des Begriffes des relevanten Marktes siehe Meffert, Heribert, Marketing: Grundlagen Marktorientierter Unternehmens-führung: Konzepte. Wiesbaden 1998, S. 178.

99 Vgl. Kotler, Philip /Fox, Karen, Strategic Marketing for Educational Institutions, New Jersey 1985, S. 71. Das Leitbild kann auch als Corporate Identity verstanden werden und Meffert, Heribert, Marketing: Grundlagen Marktorientierter Unternehmensführung: Konzepte. Wiesbaden 1998, S. 685ff.

100 Vgl. Hellwig-Beck, Entwicklungen und Perspektiven des strategischen Marketing, hrsg. Von H. Hörschgen, M. Froböse, Sternenfels, Berlin 1996, S. 37f.

101 Vgl. Wangen-Goss, Margaret, Marketing für Universitäten. Spardorf 1983, S. 47.

Abb. 1: Fünf-Schritt-Methode eines strategischen Hochschulmarketingplans nach Trogele [102]

eines leitbildorientierten, klaren Zielsystems, welches erst die Hochschulplanung, Durchführung, Kontrolle und Evaluation ermöglicht.[103]

Dieses Zielsystem kann als eine Pyramide gesehen werden, an deren Spitze der Zweck, die Vision der Hochschule mit ihrem Leitbild steht. Diese Leitbild soll hier als eine *Corporate Identity* mit einem ganzheitlichen Strategiekonzept, verstanden werden, das alle nach innen beziehungsweise außen gerichtete Interaktionsprozesse orientiert und steuert sowie sämtliche Kommunikationsziele, -strategien und -

---

102 Enthalten in: Trogele, Ulrich, Strategisches Marketing für deutsche Universitäten. Frankfurt/Main, Berlin, Bern u.a. 1995, S. 11.
103 Management by objectives schlägt beispielsweise Topf vor. Vgl. Topf (1986), S. 75f. Auch Müller-Böling betont die Wichtigkeit klar formulierter Ziele. Vgl. Müller-Böling (2000), S. 10.

aktionen einer Hochschule unter einem einheitlichen Dach integriert.[104] Aus diesem Leitbild werden anschließend die Normativen Ziele (Oberziele) für die gesamte Hochschule abgeleitet. Darunter schließen sich die Ziele der jeweiligen Fachbereiche an. Die Operationalität und die Anzahl der Ziele nimmt von der Spitze nach unten hin immer mehr zu. Die Marketingziele sind dabei eher kurzfristig, die Fachbereichsziele mittelfristig und Normative-, bzw. Oberziele langfristig orientiert.

Diese Vorgehensweise ermöglicht es, aus dem Leitbild der Hochschule bzw. deren Visionen für jeden Fachbereich bzw. Fakultät Ziele zu formulieren, die wiederum in konkrete Maßnahmen münden (Stellenpolitik, Lehrangebot, besondere Angebote). Durch den kontinuierlichen Vergleich und Evaluation von status quo und den gesetzten Zielen ergibt sich eine Rückkoppelungsmöglichkeit, die ein effektives und effizientes Marketing-Management ermöglicht. Der Aufbau einer Zielpyramide sollte zweckmäßigerweise sowohl von oben nach unten als auch umgekehrt erfolgen, damit ein breiter Konsens erreicht und realistische Ziele gesetzt werden.

Dieser „breite Konsens" ist Voraussetzung dafür, dass sich sowohl Lehrende als auch Studierende partizipatorisch engagieren können. Dies verdeutlicht die besondere Stellung des Marketing-Managements als Bindeglied zwischen den als visionär zu bezeichnenden strategischen Zielen der Hochschule und der operativen Durchführung des Hochschul-Marketingplans. Für die Durchführung der konkreten Maßnahmen sollten laut Trogele wissenschaftliche Führungskräfte verantwortlich gemacht werden, damit die internen Leistungen bzw. Marketingaktionen gemessen, kontrolliert und honoriert werden können.[105]

3.4 Strategisches Marketing

Marktforschung, oder Marketingforschung[106] umfasst alle Aktivitäten zielbezogener und planmäßiger Informationsgewinnung und -aufbereitung zur Identi-

---

104 Vgl. Meffert (1998), S. 686; siehe auch Harpenau (1992), S. 98ff. Zur Corporate Identity siehe auch Punkt 4.4 dieser Arbeit.
105 Vgl. Trogele, Ulrich, Strategisches Marketing für deutsche Universitäten. Frankfurt/Main, Berlin, Bern u.a. 1995, S. 25. Hierbei kann durchaus eine eigene Stabsstelle, die dem Rektorat/Präsidialamt zugeordnet ist, koordinierend wirken.
106 Die Begriffe Marketing- und Marktforschung werden hier synonym verwendet. Meffert bezieht Marktforschung auf die Bereiche Beschaffungsmarkt und Absatzmarkt, verwendet den Begriff jedoch synonym. Vgl. Meffert, Heribert, Marketing: Grundlagen Marktorientierter Unternehmensführung: Konzepte. Wiesbaden 1998, S. 89f., siehe auch Das Lexikon der Wirtschaft, Bundeszentrale für politische Bildung, Bonn, 2008, S. 289.

fikation und Lösung betriebsinterner und -externer Probleme bei Marketing- Strukturen, -Prozessen, -Aktivitäten und -Wirkungen.[107] Sie sollte als eine dauerhafte

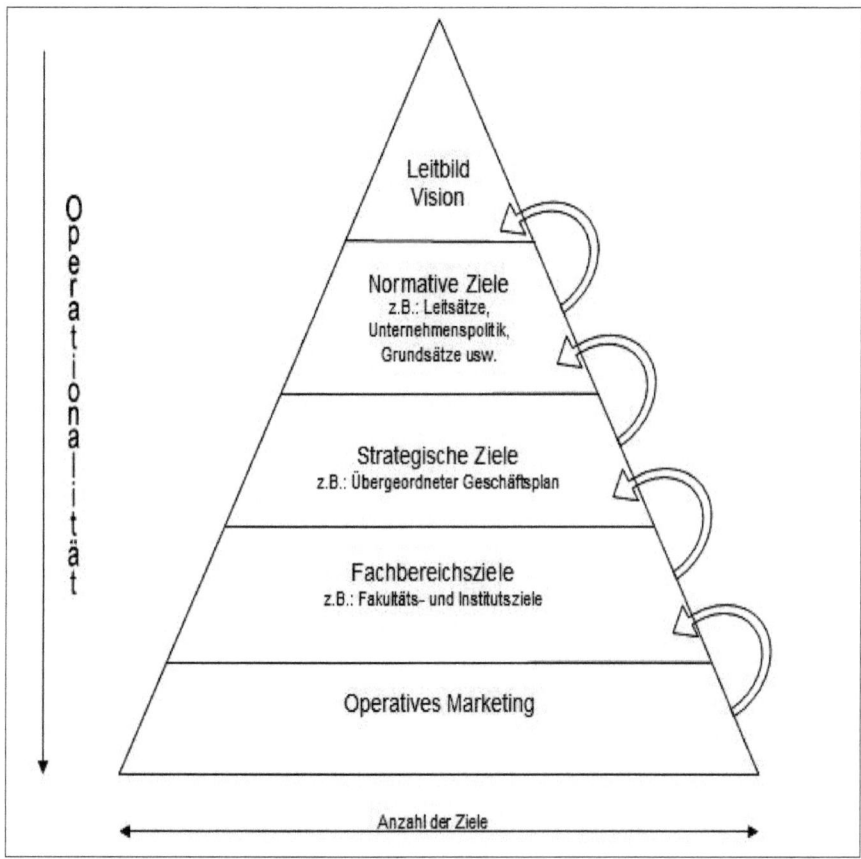

Abb. 2: Zielpyramide einer Hochschule [108]

und regelmäßige Aufgabe angesehen werden. Institutionalisiert sollte sie sich als Dienstleister und Berater der Marketingstelle verstehen, die dazu beiträgt, die Informationsbasis stetig zu verbreitern. Eine Hochschule, die sich ihren Märkten

---

107 Vgl. Das Lexikon der Wirtschaft, Bundeszentrale für politische Bildung, Bonn, 2008. S. 288f.
108 Eigene Grafik in Anlehnung an das Neue St. Gallener Management Modell und Mef-fert, vgl. Meffert, Heribert, Marketing: Grundlagen Marktorientierter Unternehmens-führung: Konzepte. Wiesbaden 1998, S. 69 und Neues St. Gallener Management Modell, Quelle: http://www.ifb.unisg.ch/org/Ifb/ifbweb.nsf/wwwPubInhalteGer/St.Galler+Management-Modell?opendocument [09.10.09, 10uhr 45].

zuwenden will, muss diese Märkte exakt kennen. Ohne eine ausreichende Datengrundlage können keine sinnvollen Entscheidungen getroffen werden.[109] Gegenstand der Untersuchungen sollte nicht nur die Umwelt der Hochschule sondern auch die Hochschule selbst sein. Welche Daten dabei konkret erhoben werden, hängt von der jeweiligen Problemstellung ab. Zwei grundsätzliche Möglichkeiten der Informationsgewinnung stehen zur Verfügung, die eigene Erhebung (Primärforschung) oder die Bearbeitung bereits vorhandener Daten (Sekundärforschung). Wirtschaftlicher ist es, die vorhandenen Daten zu interpretieren, um dann durch eigene Untersuchungen die Datenlücken zu schließen. Diese gilt es zu bearbeiten. Abschließend sollten diese Daten analysiert, diskutiert und schließlich vorgestellt werden.[110] „Strategische Ziele" haben die langfristigen Arbeitsschwerpunkte der Hochschule zum Inhalt. Wie beschrieben spielt die Operationalisierung von Zielen eine entscheidende Rolle. Diese hilft, verschiedene Aktionen und Instrumente konkret zu bewerten und im nächsten Schritt unter Umständen zu korrigieren (Evaluation). Nachfolgend sind einige strategische Ziele von Hochschulen aufgeführt, die sich nach qualitativen und quantitativen Zielen unterscheiden.[111]

Qualitative Ziele:

1. Arbeitsplatzsicherung für wissenschaftliche Mitarbeiter,
2. Schaffung einer kreativen Atmosphäre,
3. Erhöhung der Zufriedenheit der Studierenden,
4. Einbindung der Hochschule in ihre Umwelt.

Quantitative Ziele:

1. Steigerung des Anteils der Drittmittel in der Forschung,
2. Erhöhung des Anteils ausländischer Dozenten,
3. Steigerung des Bekanntheitsgrads,
4. Steigerung der Studierendenzahl.

---

109 Vgl. Wangen-Goss, Margaret, Marketing für Universitäten. Spardorf 1983, S. 75ff. und Topf, Cornelia, Öffentlichkeitsarbeit im Rahmen des Hochschulmarketing. Frankfurt/Main, Berlin, Bern u.a. 1986, S. 63ff.
110 Vgl. Kotler, Philip /Fox, Karen, Strategic Marketing for Educational Institutions, New Jersey 1985, S. 66.
111 Meffert unterscheidet ökonomische und psychografische Ziele. Vgl. Meffert, Heribert, Marketing: Grundlagen Marktorientierter Unternehmensführung: Konzepte. Wiesbaden 1998, S. 74f. Ziele in Anlehnung an Trogele, Ulrich, Strategisches Marketing für deutsche Universitäten. Frankfurt/Main, Berlin, Bern u.a. 1995, S. 22.

3.5 Marketing-Instrumente

Marketinginstrumente sind all jene Maßnahmen, welche die Hochschule nutzt, um ihre Marketingziele auf dem Zielmarkt zu erreichen.[112] Marketinginstrumente werden allgemein in vier Bereiche eingeteilt: Produktpolitik, Preispolitik, Distributionspolitik und Kommunikationspolitik.[113] Im Dienstleistungsmarketing wird eine Einteilung in sieben Gruppen diskutiert: neben der schon genannten Instrumenten, werden die Bereiche, Personalpolitik, Prozesspolitik und Ausstattungspolitik hinzugefügt.[114] Diese Diskussion ist noch nicht abgeschlossen, verdeutlicht aber, dass sich das Dienstleistungsmarketing vor allem im Prozess der Leistungserstellung, die gemeinsam mit dem Kunden erfolgt, unterscheidet. Hier werden nach Meffert/Bruhn im Dienstleistungsmarketing fünf Marketinginstrumente genannt: Leistungs-, Preis-, Distributions-, Kommunikations- und Personalpolitik.[115] Nachfolgend werden diese fünf verschiedenen Marketing-Instrumente einer Hochschule kurz angesprochen.

LEISTUNGSPOLITIK

„Im Rahmen der Leistungsstrategie eines Dienstleistungsunternehmens wird entschieden, welche Dienstleistungen in welcher Qualität wie am Markt anzubieten sind, um die Unternehmensziele Best möglichst zu erreichen."[116]

Leistungspolitik befasst sich demnach mit der Leistungserstellung der Hochschule und umfasst alle Leistungsbeziehungen der Hochschule. Das Leistungsprogramm einer Hochschule lässt sich in die drei Felder: Forschung, Lehre und sonstige Dienstleistungen systematisieren.[117] Auf sämtlichen Feldern muss die Hochschule ihre Leistungen evaluieren und auf die Bedürfnisse der

---

112 Vgl. Kotler, Philip, Marketing-Management: Analyse, Planung, Umsetzung, Stuttgart 1999 S. 138f.

113 Vgl. Ebenda, S. 139 und Meffert, Heribert, Marketing: Grundlagen Marktorientierter Unternehmensführung: Konzepte. Wiesbaden 1998, S. 881ff.

114 Vgl. Ebenda, S. 1079.

115 Vgl. Meffert, Heribert/ Bruhn, Manfred, Dienstleistungsmarketing. Wiesbaden 2009, S. 179.

116 Meffert, Heribert/ Bruhn, Manfred, Dienstleistungsmarketing. Wiesbaden 2009, S. 179.

117 Diese Systematisierung stammt von Alewell. Er sieht die zentrale Aufgabe der Universitäten in der Forschung (Grundlagenforschung und anwendungsbezogene Forschung). In der Lehre sieht er die Ausbildung Studierender auf wissenschaftlicher Grundlage. Sonstige Dienstleistungen werden gegenüber einem abgrenzbaren Empfängerkreis erbracht (bei-spielsweise Gutachtertätigkeiten) und sind nicht immer klar von den anderen Bereichen zu trennen (beispielsweise Universitäts-Krankenhäuser). Vgl. Alewell, Karl, Marketing-Management für Universitäten, in: Zeitschrift für Organisation, Nr. 5/1977, S. 265ff.

Interessengruppen ausrichten. Ein Hauptaugenmerk muss hierbei die zu erzielende Kundenbindung sein. Diese hängt nicht nur mit dem Studienerfolg zusammen, sondern basiert auch auf der subjektiven Zufriedenheit mit der Qualität der Institution selbst, der Lehre und den Möglichkeiten der aktiven Teilnahme.

PREISPOLITIK

„Der Dienstleister legt weiterhin fest, zu welchen Preisen und Konditionen die Dienstleistungen am Markt angeboten werden."[118]

Gegenstand der Preispolitik ist die Festlegung aller Vereinbarungen zwischen Dienstleistungsnachfrager und -anbieter über das Entgelt des Leistungsangebotes, über Rabatte sowie Liefer- und Zahlungsbedingungen.[119]

Dies lässt sich durchaus auf die private Hochschule übertragen, private Hochschulen können die Semestergebühren fixieren. Damit können sie über die Preissetzung eine Erhöhung der Kauf-Rate generieren. Auch Rabattmöglichkeiten für „weitere Familienangehörige" usw. sind denkbar. Sogar Preisdegressionen sind in Abhängigkeit von der Bindungsdauer vorstellbar, z.B. bei absolviertem BA-Studium Vergünstigung des MA-Studiums, eines Zweitstudiums o.ä.. Von größter Relevanz sind Bindungen von Zusatzleistungen an die Kernleistung, wie z.B.: Sprach-, Rhetorik-, Präsentations-, Argumentations-, Kniggekurse usw., die zur Attraktivität des Lehrangebots und damit des Gesamtpreises beitragen.

Der direkte Vergleich mit den im internationalen Ranking führenden Hochschulen aus den USA und Großbritannien ist nun möglich. Private wie staatliche Hochschulen können in den Bereichen der Forschung (besonders Auftragsforschung) und der sonstigen Dienstleistungen (beispielsweise Rechtsberatung) finanzielle Gegenleistungen erwarten.[120] Auch hier ist Preispolitik ein wichtiger Faktor. Ein weiterer Preisvergleich zwischen den verschiedenen Leistungsangeboten kann über die (Zeit-) Opportunitätskosten für die Studierenden sowie die allgemeinen Gebühren für Verwaltungskosten o.ä. erfolgen.[121]

---

118 Meffert, Heribert/ Bruhn, Manfred, Dienstleistungsmarketing. Wiesbaden 2009, S. 180.

119 Vgl. Meffert, Heribert, Marketing: Grundlagen Marktorientierter Unternehmensführung: Konzepte. Wiesbaden 1998, S. 1083.

120 Vgl. Wangen-Goss, Margaret, Marketing für Universitäten. Spardorf 1983, S. 171ff.

121 In der Literatur wird für die Hochschulen vielfach der Begriff Preispolitik durch den Begriff Gegenleistungspolitik ersetzt. Vgl. Wangen-Goss, Margaret, Marketing für Universitäten. Spardorf 1983, Topf, Cornelia, Öffentlichkeitsarbeit im Rahmen des Hochschulmarketing. Frankfurt/Main, Berlin, Bern u.a. 1986, Trogele, Ulrich, Strategisches Marketing für deutsche Universitäten. Frankfurt/Main, Berlin, Bern u.a. 1995, Opportunitätskosten siehe Alternativkosten vgl. Das Lexikon der Wirtschaft, Bundeszentrale für politische Bildung, Bonn, 2008, S. 10 und S. 38.

DISTRIBUTIONSPOLITIK

„Im Rahmen der Distributionsstrategie ist zu entscheiden, auf welchen Vertriebswegen und durch wen (Absatzmittler) die Dienstleistungen angeboten werden und in welcher Form der externe Faktor zu integrieren ist.[...] Das Kundenbildungsmanagement ist dann vor die Herausforderung gestellt, dass der persönliche Kontakt zum Kunden nicht verloren geht..."[122]

Zentrale Frage der Distributionspolitik ist das Problem, wie die Leistungen des Anbieters den Abnehmer erreichen. Dabei sind zwei Arten der Übermittlung zu unterscheiden: die direkte und indirekte Übermittlung. Im Bereich der Lehre überwiegt bisher die direkte Übermittlung, mit Ausnahme der Fernstudiengänge. Doch auch Präsenzstudiengänge müssen zunehmend darüber nachdenken, wie sie ihre Dienstleistungen vertreiben können (siehe Lernplattformen u. ä.). Der Standort der Hochschule muss beispielsweise neu hinterfragt werden oder die Speicherung von Vorlesungen in digitaler Form. Des Weiteren muss das Angebot der Hochschule nicht nur verfügbar sondern auch zugänglich sein.[123] Dies könnte beispielsweise die Anpassung der Anfangszeiten der Vorlesungen/Seminare oder der Sprechzeiten an die Bedürfnisse der Studierenden beinhalten.

KOMMUNIKATIONSPOLITIK

„Bei der Festlegung der Kommunikationsstrategie ist der Frage nachzugehen, welche Informations- und Beeinflussungsmaßnahmen zu ergreifen sind, um die Dienstleistungen abzusetzen. Im Rahmen der Kommunikationspolitik steht vor allem die Realisierung von emotionaler Kundenbindung im Vordergrund."[124]

Die Kommunikationspolitik ist der Bereich, in dem die Hochschulen schon seit langem tätig sind. Gemäß § 2 Absatz 8 HRG müssen die Hochschulen die Öffentlichkeit über ihre Tätigkeiten unterrichten. Auch private Hochschulen sind gegenüber staatlichen Behörden informationspflichtig. Die Erfüllung der Informationspflicht ist jedoch nur ein Teil der Kommunikationspolitik. Die emotionale Ansprache (Kundenbindung) beruht vor allem auf Direct-Marketing-Maßnahmen wie Kundenzeitschriften, -events usw. Damit lassen sich emotionale Bindungen zum Dienstleister herstellen oder stärken. Gerade bei Hochschulen ist der Faktor der persönlichen Kommunikation nicht zu unterschätzen.[125] Hier spielt die „Mund-zu-Mund-Kommunikation" und das Weiter-

---

122 Meffert, Heribert/Bruhn, Manfred, Dienstleistungsmarketing. Wiesbaden 2009, S. 180.

123 Vgl. Kotler, Philip/Fox, Karen, Strategic Marketing for Educational Institutions, New Jersey 1985, S. 260f. Es macht keinen Sinn, wenn z.B. eine Lernplattform durch exklusive Zugangsdaten von einer Vielzahl von Studierenden nicht genutzt werden kann.

124 Meffert, Heribert/Bruhn, Manfred, Dienstleistungsmarketing. Wiesbaden 2009, S. 181.

125 Centrum für Hochschulentwicklung CHE (Hrsg.), Kriterien der Hochschulwahl und Ranking-Nutzung;

empfehlungsverhalten eine sehr wichtige Rolle. Aus diesem Grund muss Kommunikationspolitik nach innen und nach außen gerichtet sein. Die Außenkommunikation beschäftigt sich vor allem mit der Gestaltung der Außenwahrnehmung bzw. Image der Hochschule. Die Kommunikationspolitik umfasst die Kombination von informations- und kommunikationsbezogenen Instrumenten zur Übermittlung von Informationen und Bedeutungsinhalten, die der Steuerung und Beeinflussung von Meinungen, Einstellungen, Erwartungen und Verhaltensweisen gem. spezifischer Zielsetzungen dienen, explizit ist genannt: Werbung, Verkaufsförderung, Öffentlichkeitsarbeit und persönlicher Verkauf.[126]

PERSONALPOLITIK

Ein weiterer Faktor für den Erfolg der Hochschule ist die Personalpolitik.

„Hier besteht die besondere Herausforderung des Unternehmens darin, die kundenseitig gewünschte Verhaltensweise möglichst im Einklang mit den Mitarbeiterinteressen zu realisieren."[127]

Dies bedeutet nicht, dass das Personal zu einer Art entmündigender Betreuer werden soll, sondern es die, auch durch Rückmeldung z.B. Evaluation erörterten und durch das Leitbild der Hochschule definierte Personalanforderungen erfüllt. Dies bedeutet die Ermöglichung von Personal- sowie Tarifautonomie, die nach Globalhaushalten ihre Arbeitsverhältnisse ausgestalten können.[128]

Zum einen ist auf der einen Seite, das nötige Personal an der Hochschule so zu fördern, dass sie ihre Fähigkeiten im Forschungsbereich voll entfalten können, aber auf der anderen Seite, müssen diese auch in der Lage sein, ihre Erkenntnisse in pädagogisch sinnvoller Art an die Studierenden weiter zu vermitteln. Sinnvoll für eine aktive d. h. eine am institutionellen Aufgabenprofil orientierte, sowie an den individuellen Forschungs- und Lehrleistungen gemessene Personalentwicklung wäre eine Vergütung, in der Grundelemente sowie leistungsbemessene Anteile zusammenfließen. Es geht nicht darum, Innovation und Kreativität bemessen zu wollen oder zu können und Lehrbeauftragte und Forschende zu gängeln, sondern darum, das Prinzip des „Engagement und Leistung lohnt sich" den Mitarbeitern

---

http://www.che.de/downloads/IIB_Hochschulwahl_und_Rankingnutzung.pdf [10.10.2009,12:40Uhr], S.8. So spielt die Atmosphäre am Hochschulort eine wesentliche Grundlage für die Studienortentscheidung.

126 Vgl. Gabler Lexikon-Redaktion (Hrsg.), Kleines Lexikon Wirtschaft, Bonn, 1991, S. 155: Kommunikationspolitik und vgl. Das Lexikon der Wirtschaft, Bundeszentrale für politische Bildung, Bonn, 2008, S. 282.

127 Meffert, Heribert/ Bruhn, Manfred, Dienstleistungsmarketing. Wiesbaden 2009, S. 181.

128 Vgl. Müller-Böling, Detlef, Die entfesselte Hochschule, Bertelsmann Stiftung: Gütersloh 2000, S. 69.

jeder Charge nahe zu bringen.[129] Hilfreich dazu wären neben der „leistungsgebundenen Vergütung" vor allem transparente Berufungsverfahren sowie ein Einbinden der Dozenten in die Hochschulentwicklung.[130]

4. Einflussebenen privater Hochschulen

Die Hochschule ist unterschiedlichen Konkurrenzsituationen und damit verschiedenen Anforderungen ausgesetzt. Sie muss sich daher den verschiedenen Wünschen und Bedürfnissen ihrer verschiedenen Interessentengruppen bewusst sein und in ihren unterschiedlichen Märkten berücksichtigen. Der Hochschul-Marketing-Mix hat folgende Elemente, die sich an den vier P's von McCarthy orientieren:[131]

- *Product*: Die Gestaltung der Hochschulleistung,
- *Price*: Beeinflussung und Gestaltung der gewünschten Gegenleistung,
- *Place*: Marktforschung,
- *Promotion*: Information und Werbung,

Im Folgenden werden diese Maßnahmen den Interessentengruppen angepasst.

4.1 Lehrbeauftragten-Marketing

Die Qualität der Lehre ist in hohem Maße von der wissenschaftlichen und pädagogischen Qualifikation der Lehrenden abhängig. In dieser Arbeit sind damit hauptamtliche Dozenten sowie nebenberuflich Lehrende gemeint.

Je nach dem bietet die Hochschule ihren Mitarbeitern eine entsprechende Entlohnung aus finanziellen und nicht-finanziellen Komponenten. Beispielsweise stellt sie ihnen die nötigen wissenschaftlichen, technischen sowie pädagogischen Arbeitsbedingungen zur Verfügung, unter denen sie ihren Forschungen nachgehen können. Relevant ist ferner eine gemeinsame Zukunftsplanung des weiteren Werdegangs der Mitarbeiter.

Die Berufung hoch qualifizierten Arbeitskräften durch ein besonders attraktives Gehalt ist deutschen staatlichen Hochschulen auf Grund der Verbeamtung und Bezahlung nach TvöD und TV-L von Hochschullehrern nur in Grenzen möglich, hat sich allerdings deutlich verbessert und bietet mittlerweile den staatlichen Hochschulen größere Verhandlungsspielräume. Auch ein gewisser leistungsbe-

---

129 Vgl. Müller-Böling, Detlef, Die entfesselte Hochschule, Bertelsmann Stiftung: Gütersloh 2000. S. 69f.

130 Ebenda, S. 71f.

131 Vgl. Alewell, Karl, Marketing-Management für Universitäten, in: Zeitschrift für Organisation, Nr. 5/1977, S. 270.

zogener Gehaltsanteil für engagierte Hochschullehrer ist mittlerweile möglich. Dieser mit von Müller-Böling angeregte Weg zur Autonomie der Hochschulen wird weiter fort geführt.[132] Ein weiterer Anreiz für forschende Wissenschaftler sind entsprechende Forschungsgelder und das nötige Umfeld an den großen staatlichen Universitäten. Die staatliche Hochschule kann mit der Vermittlung von finanziellen oder fachlich interessanten oder Karriere fördernden Nebentätigkeiten um wissenschaftliche Mitarbeiter werben.[133] Allerdings sind deren zugelassenen Nebentätigkeiten von staatlicher Seite begrenzt.

Die privaten Hochschulen haben hier in vielen Bereichen das Nachsehen, können allerdings mit größerer Flexibilität und nur durch das finanzielle Budget begrenzten, Gehaltsvorschlägen aufwarten. Hier können die privaten Hochschulen eine Vorreiterrolle einnehmen, was Deregulierung und Autonomie beinhaltet. Gerade das unbürokratische rückhaltlose Bereitstellen von finanziellen Mitteln und technischen Ressourcen sowie Mitarbeitern kann zum Engagement von ausgesuchten Spitzenkräften führen. Der Teil der flexiblen Arbeitszeitverhandlungen bietet vielen noch nebenberuflich Tätigen z.B. in der Wirtschaft, einen hohen Anreiz sich ein zweites Standbein in der Hochschullehre aufzubauen und auch gleichzeitig die Möglichkeit, adäquate Mitarbeiter zu sichten, bzw. zu rekrutieren. Das so entstehende Netzwerk versetzt die private Hochschule in die Lage attraktive Nebentätigkeiten ohne staatliche Reglementierung anzubieten.

Auch die Unternehmenskultur, zu der das Arbeitsklima, Arbeitsphilosophie sowie das Betriebsklima zählt, ist mit ausschlaggebend für die Wahl der gewünschten Mitarbeiter. Das Ansehen der Hochschule in Form von Reputation und Image kann auch als „Lockmittel" dienen. Es geht darum, in den spezifischen Fachkreisen bekannt zu sein und sich auch dort einen entsprechenden Ruf zu erarbeiten. Diese benötigt eine angemessene Außen- und Innenkommunikation, um die vorhandenen Mitarbeiter auch mit den nötigen Informationen und Ressourcen zu versorgen. Ferner gilt es, die zukünftigen Mitarbeiter vom Vorhandensein der Hochschule zu unterrichten und sie über eine entsprechende positive „Mund-zu-Mund-Kommunikation" zu erreichen. Der Public Relations-Arbeit kommt hier ein hoher Stellenwert zu, da diese in der Lage ist, jeden bisherigen Erfolg entsprechend positiv darzustellen, um so weiter an Attraktivität zu zuzulegen und somit auch die eigenen Mitarbeiter in ihrer Arbeit motivierend

---

132 Vgl. Müller-Böling, Detlef, Die entfesselte Hochschule, Bertelsmann Stiftung: Gütersloh 2000, S. 69. Schärfer noch formuliert dies: Erhardt, Manfred, Meyer- Guckel, Volker, Winde, Mathias (Hrsg.) Leitlinien für die deregulierte Hochschule. Essen 2008, S. 25f.

133 Vgl. Alewell, Karl, Marketing-Management für Universitäten, in: Zeitschrift für Organisation, Nr. 5/1977, S. 271.

zu bestätigen. Es ist wichtig, die Mitarbeiter an die Hochschule zu binden (Corporate Identity). Gerade emotionale Bindungen zeigen eine hohe Bestandsdauer, dies erreicht man am besten über entsprechende Events, wie Mitarbeiterfeiern oder offizielle Ehrungen. Eine hohe Transparenz bei der Besetzung von Schlüsselstellen ist ein wichtiges Mittel, um Leistung zu honorieren und das gewünschte Leistungsbewusstsein zu schaffen.[134] Denkbar wäre ein Grundgehalt mit entsprechendem leistungsbezogenem Bonussystem oder bei Projekten eine entsprechende Meilensteinauszahlung. Ein Problem ist, wie bei allen Arten von Bewertungen, in der Wahl, Kombination und Wertung der richtigen Indikatoren, um eine faire und transparente Bewertungsgrundlage für alle Mitarbeiter zu generieren. Eine Hochschule sollte auf dem Lehrenden-Markt quantitative und qualitative Marktforschung betreiben, um ihre Leistungen den Anforderungen und Wünschen und an das eigene kommunizierte Leitbild angepasst gestalten zu können und sie den Lehrbeauftragten in attraktiver Form zu vermitteln.

4.2 Absolventen-Marketing (Alumni)

Vor allem im angelsächsischen Bildungssystem bestehen umfangreiche Alumni-Netzwerke von Absolventen, durch welche die Hochschulen ihre Kontakte zu Wirtschaft und Arbeitsmarkt aufbauen und sich sozial vernetzt halten und vertiefen und sogar einen Teil ihres Finanzbedarfs decken (Spenden, Stiftungen). Bei der Alumni-Arbeit handelt es sich sowohl um eine Dienstleistung als auch um eine Unterstützung der ehemaligen Studierenden in der Kontaktaufnahme, Netzwerkbildung und Rückbindung an die Hochschule. Thaut äußert sich im Interview entsprechend:

> *„(D)ie Alumni sind eines der besten Markenvehikel, das eine Universität entwickeln kann".*
> *„Denn wenn die ein positives Image auf ihren Arbeitsplätzen verbreiten mit einer gewissen Offenheit und Stolz",*[135] *dann wirkt das zurück auf die Hochschule. Es gibt „keine bessere Werbung als Abgänger, die erfolgreich sind, und die davon mit Freude sprechen und das [gilt L.W] [...] gerade für kleine [...] Privathochschulen, die auch [...] von der Studentenaquise ganz konkret leben."*[136]

Die Absolventen dienen als Gradmesser für die Qualität der Lehre und für die Atmosphäre an der Hochschule. Wenn sich entsprechend viele Alumni in ein Netzwerk einspannen lassen, hat die emotionale Bindung zur Hochschule funktioniert. Sie dienen durch Evaluation und auch durch das aktive Einbinden in

---

134 Vgl. Bolsenkötter, Heinz, Die Hochschule als Betrieb, in: DUZ, 32. Jg. Heft 22/1976, S. 652.
135 Siehe Anhang 6: Interview mit Herr Prof. Dr. Thaut, S. 82.
136 Ebenda.

Qualitätszirkel oder in offenen Diskussionsrunden als messbare Größe in dieser Qualitätssicherungskette.

"Die muss man pflegen, man muss die Leute einladen, man muss die einbinden in Veranstaltungen, Alumni-Treffen, ihnen das Gefühl geben, dass sie in einen Rahmen von Qualität und Exzellenz nach wie vor mit eingebunden sind".[137]

Angesprochen wird hier das Veranstalten von Treffen der ehemaligen Absolventen, seien es Jahrgangstreffen, interessante Vorträge, soziale oder kulturelle Veranstaltungen wie Konzerte o.ä.. Auch der erfolgreiche Einstieg in das Berufsleben wird durch dieses Netzwerk gefördert. Dazu bedarf es aber auch der Weiterbildungsangebote für die Absolventen der Hochschule, sowie die Möglichkeit immer noch Wissensbestände der Hochschule nach dem Prinzip des lebenslangen Lernens nutzen zu können.[138] Ziel ist es, einen Sponsoring-Kreislauf von Absolventen und den gegenwärtigen studentischen Nutznießern zu schaffen. „Man muss es schaffen, einen Kreislauf zu entwickeln, in dem der einzelne Student sagt: ich hatte eine sehr gute Ausbildung, das liegt zum Teil an meinen Studiengebühren, die ich bezahle, unter anderem an den Drittmitteln, die die Uni einbringt, es liegt aber auch daran, dass die Uni jedes Jahr 5 Millionen von Alumni bekommt."[139] Ziel ist es eine Employability zu schaffen. Dies kann mit Hilfe eines Alumni-Netzwerks geschehen, welches in einem hochschuleigenen Kontaktnetzwerk zum Arbeitsmarkt in einer Art Career Service integriert ist.[140] Dies fördert die emotionale Bindung der Alumni an die Hochschule und bietet die Grundlage für diese in Deutschland noch kaum genutzte Finanzierungsquelle im Fundraising.[141] Diese Gelder müssen den Studierenden durch eine direkte in die Forschung und Lehre, also die allgemeine Qualitätsverbesserung, getätigte Investition zu gute kommen. Vor allem greifbare Güter bieten hier gutes Anschauungsmaterial und Motivation für die nächste Generation, wie Ausrüstung des Gebäudes, der Unterrichtsräume, der IT Technologie usw..

Das Ziel der Alumniarbeit muss es sein, dass *„der Student [...] mit der Uni über Generationen immer verbunden [bleibt] und das ist in Amerika zu einer Kunst entwickelt worden"*.[142]

---

137 Ebenda. S. 83.

138 Vgl. Erhardt, Manfred, Meyer- Guckel, Volker, Winde, Mathias (Hrsg.), Leitlinien für die deregulierte Hochschule, Essen 2008, S. 22.

139 Siehe Anhang 6: Interview mit Herrn Prof. Dr. Thaut, S. 83.

140 Vgl. Erhardt, Manfred, Meyer- Guckel, Volker, Winde, Mathias (Hrsg.), Leitlinien für die deregulierte Hochschule, Essen 2008, S. 81 und S. 89.

141 Ebenda, S. 30.

142 Siehe Anhang 6: Interview mit Herrn Prof. Dr. Thaut, S. 83.

Dies sollte gerade privaten Hochschulen als Vorbild dienen, die hiermit den staatlichen Hochschulen gegenüber einen Entwicklungsvorsprung herausgearbeitet haben, weil im deutschen Hochschulsystem die Philosophie zum Einbinden der Absolventen abgebaut wurde (Studentenverbindungen).[143] Die privaten Hochschulen wären hier schneller in der Lage sich einen entsprechenden Sponsorenkreis aufzubauen.

„Die Eltern die schicken dann ihre Kinder dahin, wo sie zur Schule und zur Uni gegangen sind usw. und so fort, das ist ein Circulus virtuosus".[144]

Dies ist auch der besseren Nutzung und Pflege der personenbezogenen Daten, die für eine derartige Beziehungspflege nötig ist, geschuldet. Die staatlichen Hochschulen haben auf diesem Gebiet aufgrund des Datenschutzgesetzes einen großen Nachholbedarf.[145] Die Hochschule muss für eine derart erfolgreiche Alumniarbeit in diese investieren.[146] Sie benötigt auf verschiedenen Ebenen mit der Alumiarbeit betraute Verantwortliche. Diese müssen eng in die Marketingarbeit, das Event-, Qualitätsmanagement und die Public Relations eingebunden und im Zuge der Corporate-Governance[147] integriert werden. Dies bedeutet, dass die Alumniarbeit im strategischen Konzept der Hochschule beinhaltet sein muss, diese aber auch klar definiert und entsprechend des Leitbildes der Hochschule Vorgaben setzt. Hierfür wird die Unterstützung der Hochschulleitung und eine große Kooperationsbereitschaft aller Beteiligten gefordert.[148]

4.3 Leistungsverwender-Marketing

Die Hochschule vermittelt Absolventen Qualifikationen und Kenntnisse die auf dem Arbeitsmarkt benötigt werden. Diese bieten Mitarbeitern mit bestimmten Kompetenzen Arbeitsverhältnisse an. Die auf diese Zielgruppe zielenden Marketing-Maßnahmen müssen daher ihre Forschung und Lehre auf den Bedarf der Absolventenabnehmer/Leistungsverwender einstellen und diese über die Qualität ihres Bildungsproduktes informieren und von dieser überzeugen. Deshalb sollte die Hochschule die Kooperation mit möglichst vielen Abnehmern suchen,

---

143 Vgl. ebenda, S. 82. Zusatz: Studentische Verbindungen, vor allem „schlagende Verbindungen" gelten als reaktionär.

144 Siehe ebenda, S. 83.

145 Vgl. Erhardt, Manfred, Meyer- Guckel, Volker, Winde, Mathias (Hrsg.), Leitlinien für die deregulierte Hochschule, Essen 2008, S. 136.

146 Ebenda, S. 133ff.

147 Gesamtheitliche organisatorische, inhaltliche Ausgestaltung der Führung und Überwachung des Unternehmens. Kurz: Gesamtheitliche Unternehmensführung über alle Unternehmensebenen.

148 Ebenda, S. 137.

um den gegenseitigen Informationsaustausch zu effektivieren. Hierzu kann die Hochschule sekundäre Quellen wie Daten zu Trends und Entwicklung auf dem Arbeitsmarkt oder bei bestimmten Segmenten nutzen. Vor allem aber muss im Zuge von Primärforschung durch Befragungen bei den Absolventenabnehmern der aktuelle und zukünftige Bedarf geklärt werden. Diese Daten müssen systematisch in einer fachspezifischen Bedarfsanalyse ausgewertet werden. Nur so können im Sinne qualitativer Marktforschung relevante Kriterien zur Analyse des status quo herausgearbeitet werden, woraus sich Entwicklungen herausschälen lassen, die für mehr Planungssicherheit sorgen.[149] Die hieraus gewonnenen Erkenntnisse sollte die Hochschule bei der Gestaltung ihres Lehr- und Leistungsangebotes berücksichtigen.

Um die Leistungsverwender von der eigenen Qualität zu überzeugen, sollten die Hochschulen entsprechend ihrem Profil Informationsmaterial für die Absolventenabnehmer gestalten. Hierzu können auch Ergebnisse von Leistungsvergleichen helfen. Die Zusammenarbeit mit der Presse kann sinnvoll sein, das eigene Angebot den Absolventenabnehmern gegenüber ansprechend zu präsentieren. Die der Hochschule zur Verfügung stehenden Netzwerke können so auch eine angemessene und repräsentative Selbstdarstellung ermöglichen.

Dieses Unternehmensnetzwerk in Verbindung mit dem Career Service Center und der darin beinhalteten Alumniarbeit zielt darauf ab, allen beteiligten Vorteile zu bringen, die auch entsprechend darzustellen sind. Die Studierenden bekommen wichtige Einblicke in das Berufsleben, durch Praktika u.ä. und haben ein auf die wirtschaftlichen Anforderungen zugeschnittenes Studium, welches ihnen eine hohe Employability zusichert. Darüber hinaus bekommen sie durch das Netzwerk früh einen „Fuß in die Tür" zu Ihrem zukünftigen Arbeitgeber. Für die Unternehmen bedeutet es in erster Linie einen Pool an zukünftigen hochqualifizierten, auf ihre Anforderungen passende, Arbeitnehmer. Darüber hinaus benötigt die Hochschule ein Maß an Autonomie gegenüber Absolventenabnehmer/Leistungsverwender, um die Freiheit der Forschung und um der eigenen und studentischen Flexibilität willen. Darüber hinaus können die Abnehmer über die Vergabe von Projekten an die Hochschule und der Finanzierung von Forschungsprojekten oder gemeinsamer gewinnbringender Projekte, Geld sparen oder sich Vorteile am Markt erarbeiten. Für die Hochschule bedeutet das Netzwerk einen Attraktivitätsgewinn für potentielle Studierende, sowie eine Geldquelle aufgrund der Projekte, der Vermittlung von Kontakten und Projekten und aufgrund des daraus resultierenden Sponsorings.

---

149 Alewell, Karl, Marketing-Management für Universitäten, in: Zeitschrift für Organisation, Nr. 5/1977, S. 271.

4.4 Förderungs-Marketing

Die Hochschulen geben durch Ihre Lehrtätigkeit technisches und kulturelles Wissen an die nächste Generation weiter, fördern deren intellektuelle Entwicklung und investieren dadurch in die Zukunft der Gesellschaft. Durch ihre Forschungstätigkeit erhöhen sie den Standard in der Wissensgesellschaft und sorgen für weitere Innovationen, auch ökonomische und kulturelle. Staatliche und kommunale Institutionen geben Hochschulen die Rahmenbedingungen für ihr Handeln vor. Grundsätzlich erfolgt die Finanzierung der nichtstaatlichen Hochschulen auf privater Basis. Baden-Württemberg stellt jedoch für diese Einrichtungen einen jährlichen Betrag von rund 12 Millionen Euro bereit.[150] Die privaten „Hochschulen sollen pro Jahr und zusätzlichem Studierenden vom Land einen Pauschalbetrag in Höhe von 1.400 Euro bei nichttechnischen und von 2.000 Euro bei technischen Studiengängen erhalten."[151] Daher müssen die von den Hochschulen auf diese Institutionen gerichteten Marketing-Maßnahmen darüber informieren, wie und mit welchen Resultaten ihr Geld für die Erstellung des Produktes Bildung verwendet wird. Bildungspolitik ist Ländersache und nicht jedes Bundesland sieht überhaupt Gelder für nichtstaatliche Hochschulen vor. Einen Teil der Budgetierung delegiert die öffentliche Hand an Stiftungen. Die Leistungstransparenz wird durch Verfahren wie Evaluationen, Benchmarking, Hochschul- und Forschungsrankings bewertet.[152] Die zentrale Problematik liegt in der Auswahl der Leistung messenden Kriterien. Wegen der Vielzahl von Möglichkeiten von teilweise unausgereiften und unerprobten Kriterien muss die Hochschule die Initiative bei der Auswahl und Erprobung von Evaluationsverfahren u.ä. ergreifen. Die Ergebnisse können dann im Sinne einer aktiven Informationsstrategie sowohl Rechenschaft ablegen als auch Studienentscheidungen festigen. Um im Förderungsmarketing Erfolge zu erzielen sollte vor allem die direkte Kommunikation gewählt werden, und über Reputation und über die Öffentlichkeitsarbeit das Augenmerk auf die Hochschule gelenkt werden. Es ist

---

150 Die 22 Privaten Hochschulen in Baden-Württemberg stellen eine „wichtige Ergänzung des Ausbildungsangebots der staatlichen Hochschulen dar". Zur Sicherung der Qualität der angebotenen Ausbildungsleistungen erfolgt die staatliche Anerkennung und Aufsicht über die privaten Hochschuleinrichtungen durch das Ministerium für Wissenschaft, Forschung und Kunst Baden-Württemberg. Zuvor müssen die Einrichtungen und Studiengänge ein Akkreditierungsverfahren durchlaufen, erhalten dafür, auch im Zusammenhang mit „ Hoch-schule 2012" entsprechende Fördergelder. Vgl. http://mwk.baden-wuerttemberg.de/themen/ hochschulen/hochschule_2012/ [15.10.09, 16:00 Uhr].

151 Vgl. http://mwk.baden-wuerttemberg.de/deutsch/service/presse/pressemitteilungen/pressedetailseite/article/ 1324/587/205ecfca17/[15.10.09, 16:00 Uhr].

sinnvoll, den Studienort mit ins Förderungsboot zu holen und die Wichtigkeit der Hochschule für die Region und das Land herauszustellen.

4.5 Studierenden-Marketing

Die Studierenden sind die direkten „Konsumenten" des hochschulischen Produktes Bildung und gleichzeitig selbst zu einem gewissen Anteil Produkt der Hochschule.

Die Marketingmaßnahmen, die auf die Studierenden abzielen, müssen auf zwei unterschiedlichen, miteinander verknüpften Ebenen ablaufen. Auf der einen Seite sollen die Austauschbeziehungen zwischen den eingeschriebenen Studierenden und der Hochschule intensiv und für beide Seiten gewinnbringend gestaltet werden.

Auf der anderen Seite sollen die geeigneten zukünftigen Studierenden informiert und für das Angebot der Hochschule begeistert werden.

Diese hochschulische Ausbildung sollte unterschiedliche Anforderungen erfüllen. Gewünscht wäre eine hohe Qualität der Ausbildung bei einem angenehmen, Kreativität unterstützendem Arbeitsklima mit einer möglichst begrenzten kurzen und intensiven Studienzeit, die trotzdem dem Studierenden auch die Chance für ein breit angelegtes Studium bietet. Dies soll Studierenden optimale Karrierechancen auf dem globalen, Flexibilität erfordernden Arbeitsmarkt ermöglichen. Die damit verbundene erforderliche hohe Qualität der Ausbildung ist eng verknüpft mit der Qualifikation und Motivation des Lehrpersonales.

Aufzuführen sind weitere wichtige positive Faktoren, wie Kontakte und Kooperationen mit anderen Hochschulen auch international sowie mit anderen staatlich gestützten Einrichtungen (z.B.: DAAD).

Auch eine enge Verzahnung mit Wirtschaftsunternehmen und Forschungseinrichtungen sollte je nach Studienangebot mit unterschiedlicher Gewichtung ins Auge gefasst werden. Die Studierenden haben so die Möglichkeit studienrelevante und berufsrelevante Erfahrungen zu sammeln. Sie können auch ihren eigenen beruflichen Werdegang besser planen und die eigenen Interessen und Stärken besser sondieren. Hinzu kommt, dass ihnen aufgrund des ausgebildeten Netzwerks und dem „Career Services", unter Einbezug der Alumni, der Einstieg in den Arbeitsmarkt erleichtert wird.[153]

---

[152] Vgl. Müller-Böling, Detlef, Die entfesselte Hochschule, Bertelsmann Stiftung: Gütersloh 2000, S. 108.

[153] Vgl. Erhardt, Manfred, Meyer- Guckel, Volker, Winde, Mathias (Hrsg.), Leitlinien für die deregulierte Hochschule, Essen 2008, S. 81.

Voraussetzung ist eine zufriedenstellende sächliche und technische Ausstattung der Hochschule in Sachen Bibliothek, IT-Anlagen, E-Learning Plattformen, etc.[154] Ein weiterer Indikator für die Qualität der Ausbildung ist ein international anerkannter Abschluss, wie er durch den Bologna-Prozess und der damit eingeleiteten Umstellung auf das Bachelor/Master-Systems im europäischen Bildungsraum gewährleistet ist und damit ein Mehr an: Transparenz, Kompatibilität, Anschlussfähigkeit und Wettbewerbsfähigkeit erzielt.[155] Hier sollten die Hochschulen effektiv und offensiv voranschreiten.[156] Die deutsche Wirtschaft unterstützt diesen Prozess: 15 deutsche Großunternehmen haben gemeinsam mit dem Stifterverband für die deutsche Wissenschaft eine Erklärung zur Unterstützung der Umstellung auf Bachelor- und Master-Studiengänge in Deutschland mit dem Titel „Bachelor welcome" abgegeben.

Ein weiterer wichtiger Faktor für den Studienerfolg ist das Arbeits- und Studienklima an der Hochschule. Dieses sollte über das Studium hinaus eine langfristige positive emotionale Beziehung der Studierenden zur Hochschule aufbauen. Hierzu ist ein generationsübergreifendes Friend- and Fundraising-Programm hilfreich.

Für das aktuelle Arbeitsklima ist die Grundhaltung des Personals gegenüber den Studierenden von Bedeutung: Hier sollte bei allen Mitarbeitern die Haltung internalisiert sein, den Studenten als Partner und geschätzten Kunden zu sehen. Dieser Aspekt sollte bei privaten Hochschulen stärker als bei staatlichen Hochschulen im Vordergrund stehen, aufgrund der Tatsache, dass die Studierenden „zahlende Kunden" sind. Diese gilt es bei der Bewältigung seines Studiums optimal zu fördern.[157] Durch die an den Interessen der Studierenden orien-

---

154 Centrum für Hochschulentwicklung CHE (Hrsg.), Kriterien der Hochschulwahl und Ranking-Nutzung;
http://www.che.de/downloads/IIB_Hochschulwahl_und_Rankingnutzung.pdf
[10.10.2009, 12:40Uhr], S. 8: 90% der Studierenden ist eine gute Ausstattung ihrer Hochschule wichtig!

155 Vgl. Bundesministerium für Bildung und Forschung (BMBF), Der Europäische Hochschulraum - Gemeinsame Erklärung der Europäischen Bildungsminister 19. Juni 1999, Bologna, im Internet auf: http://www.bologna-berlin2003.de/pdf/bologna_deu.pdf, kfh.ch/ content/stable.cfm?stb=41&trg=2 [09.10.2009, 16:15 Uhr].

156 Vgl. Witte, Johanna, Schreiterer, Ulrich, Hüning, Lars, Otto, Erik, Müller-Böling, Detlef, Positionspapier I zu Bachelor- und Master Studiengängen. Gütersloh, CHE, 2003: Angebotsdifferenzierung, Flexibilisierung von Lern- und Lebenswegen, inhaltliche Studienreform, mehr Absolventen mit kürzeren Studienzeiten und weniger Abbrecher, internationale Anschlussfähigkeit, S. 2.

157 Vgl. Centrum für Hochschulentwicklung CHE (Hrsg.), Kriterien der Hochschulwahl und Ranking-Nutzung;
http://www.che.de/downloads/IIB_Hochschulwahl_und_Rankingnutzung.pdf

tierte Gestaltung Ihrer Leistung übt die Hochschule wiederum Einfluss auf die Gegenleistungen der Studierenden aus: Studiengebühren, Projektgelder, öffentliche Mittel entsprechend der Studentenzahlen. Außerdem kann man davon ausgehen, dass die Studierenden ein profiliertes Lehrangebot mit Engagement und Motivation annehmen, so dass beide Seiten größtmöglichen Nutzen aus der Beziehung ziehen. Gleichzeitig steigt die Qualität von Forschung und Lehre und es wächst das akademische Nachwuchspotential. Nicht vergessen werden sollte, dass Studierende eine Multiplikatorenrolle für die Hochschule einnehmen: Motivierte und zufriedene Studierende fördern eine positive Wahrnehmung der Hochschule bei allen gesellschaftlich relevanten Gruppen und steigern somit die Attraktivität der Hochschule – auch für zukünftige Studienbewerber. Eine wesentliche Voraussetzung hierzu ist, dass die Interessen und Bedürfnisse der Studierenden bekannt sein müssen. Deshalb muss die Hochschule sowohl bei potentiellen als auch bei aktuellen Studenten eine Umweltanalyse, z.B. durch Umfragen durchführen. Die Ergebnisse bilden die Basis für die strategische Planung der Hochschule. Dies wird noch ausführlicher im Kap. 5 behandelt.

Die Qualität der von der Hochschule angebotenen Ausbildung ist ein wichtiges Studienauswahlkriterium. Eine grundlegende Qualität hochschulischer Leistung ist, dass ihr Wert schwer operationalisierbar und messbar ist. Damit wird ein Vergleich der verschiedenen Hochschulen untereinander immer problematisch bleiben. Es ist aber in hohem Maße seitens der Hochschule gewünscht, hier den Wettbewerb und die Transparenz zu stärken, damit die Hochschulen sich über gute Leistungen profilieren können und positive Rückmeldung durch Studienanmeldungen erhalten. Rankings versuchen die Hochschulen nach verschiedenen Indikatoren zu bewerten und die Ergebnisse dieser Bewertungen und die Rangfolge der Universitäten untereinander zu publizieren.[158] Rankings werden immer wichtiger, so verwenden 65% der Studienanfänger/innen und 49% der Schüler/innen Hochschulrankings, um sich zu informieren. Rund die Hälfte der Studienanfänger/innen fanden Rankings „in besonderem Maße nützlich."[159] Hierbei ist das Internet die wesentliche Informationsquelle und erfordert somit

---

[10.10.2009, 12:40Uhr], S. 5+8. Guter Service für Studierende, d.h. Betreuung wird von 82% wertgeschätzt. Gleichfalls von sehr hoher Relevanz ist für 89%. die Atmosphäre am Hochschulort.

158 Vgl. Müller-Böling, Detlef, TÜV für die Universität, in: Die Zeit vom 28.08.2003, Nr. 36, S. 35, Quelle: http://www.zeit.de/2003/36/B-abc_der_Evaluation[15.10.2009, 10:05], S. 2.

159 Vgl. Centrum für Hochschulentwicklung CHE (Hrsg.), Kriterien der Hochschulwahl und Ranking-Nutzung;
http://www.che.de/downloads/IIB_Hochschulwahl_und_Rankingnutzung.pdf
[10.10.2009,12:40Uhr], S. 10.

einen kundenfreundlichen, auf die Zielgruppe ausgerichteten Internetauftritt. Evaluation und Rankings der hochschulischen Leistung sind von der Hochschule als positive Außenkommunikation offensiv verwendbar. Die Hochschule sollte daher an Rankings aktiv teilnehmen und sie als Teil des Marketing-Portfolios ansehen. Das gleiche gilt für die Forschungs-Rankings und Lehrpreis, „Professor des Jahres[160]" u.ä. Ein studentenfreundlicher Service kann eingeschriebenen Studierenden das Studium durch Betreuung und Information erleichtern: Tutoren unterstützen die Studierenden durch fachliche Zusatzveranstaltungen und allgemeine Studien- und Lebensberatung. Außerdem sollen die Studierenden alle ihre Möglichkeiten problemlos überblicken und wahrnehmen können: kulturelle Veranstaltungen, Sprachkurse, internationale Programme, Stipendien usw. Hierzu gehören auch „Zusatz-Service-Leistungen" wie Hilfe bei der Wohnungssuche, Diskussionsforen, Veranstaltungskalender, usw. Zu diesem Zweck muss eine studentenfreundlich gestaltete Verwaltung mit klar verständlichen Kompetenzen übersichtliches Informationsmaterial zur Verfügung stellen und auch aktiv auf diese Angebote hinweisen. Gerade Studienanfängern kommt dies zu Gute und wird von diesen auch gewünscht[161]. Hierdurch können diese ihr Studium zu ihrer individuellen Zufriedenheit gestalten. Dies kann sich im Merchandising niederschlagen: Hochschul-T-Shirts, Anzüge, Rucksäcke usw.

4.6 Beeinflussung des Studienentscheidungsprozesses durch Marketing

Um ihre Marketinginstrumente zur Rekrutierung von zukünftigen Studierenden optimal einsetzen zu können, sollte eine Hochschule den Studienentscheidungsprozess detailliert kennen. Entscheidend für die Studienwahl ist, dass das Studienangebot den fachlichen Interessen des zukünftigen Studierenden entspricht. Das ist der wichtigste Grund für die meisten Studierenden und Studieninteressierten.[162] Das Studienangebot einer Hochschule stellt ein Vertrauensgut dar. Vertrauensgüter sind dadurch gekennzeichnet, dass die Qualität des Gutes hinsichtlich seiner Bedürfnisbefriedigung durch den Nutzer auch nach der Nutzung nicht bekannt ist. Der Kunde geht bei diesen Gütern ein Risiko ein, das er zu

---

160 Vgl. Unicum Verlag, Unicum Beruf Heft 4/2009, S. 10. Nominieren unter www.professor-des-jahres.de.

161 Vgl. Centrum für Hochschulentwicklung CHE (Hrsg.), Kriterien der Hochschulwahl und Ranking-Nutzung;
http://www.che.de/downloads/IIB_Hochschulwahl_und_Rankingnutzung.pdf
[10.10.2009,12:40Uhr], S. 8.

162 Vgl. Centrum für Hochschulentwicklung CHE (Hrsg.), Kriterien der Hochschulwahl und Ranking-Nutzung;
http://www.che.de/downloads/IIB_Hochschulwahl_und_Rankingnutzung.pdf
[10.10.2009,12:40Uhr], S. 8.

minimieren sucht. Dazu sucht er nach entsprechenden Vertrauen fördernden Kompetenzsignalen.[163] Aus diesem Grund ist die Angebots-Qualität ein wesentliches Entscheidungskriterium. Diese wird von den Studierwilligen durch verschiedene Kriterien definiert: die Relation von Studierenden zu Betreuern, die Auswahlverfahren der Bewerber, die Anzahl der Publikationen, die Anzahl der Preise, die Einstiegsgehälter, bzw. die Arbeitslosenquote der Absolventen, die Platzierung in Rankings oder andere Kriterien. Diese Kriterien haben alle einen Bezug zum wichtigen Ziel des Hochschul-Marketing: Verbesserung des Images der Hochschule und Erhöhung des Bekanntheitsgrades. Hier muss differenziert werden in wissenschaftliche Reputation und allgemeiner positiver Bekanntheitsgrad, der z.B.: durch einen ersten Platz in Rankings bei Betreuung zustande kommt. Bei Schwalbach wird Image mit Reputation verbunden, es bedeutet das Ansehen bzw. den Ruf eines Unternehmens.[164] Die Bedeutung des Images für Hochschulen ergibt sich aus dem Umstand, dass das Leistungsangebot einer Hochschule vom Studienanfänger nur sehr schwer beurteilt werden kann.[165]

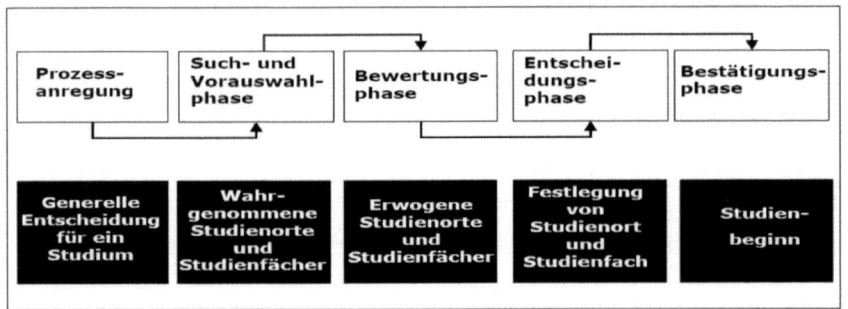

Abb. 3: Studienentscheidungsprozess

---

163 Meffert, Heribert, Marketing: Grundlagen Marktorientierter Unternehmensführung: Konzepte. Wiesbaden 1998, S. 1075.

164 Vgl. Schwalbach, Joachim, Unternehmensreputation als Erfolgsfaktor. Berlin 2001 Quelle: www.wiwi.hu-berlin.de/im/publikdl/2001-4.pdf, www.wiwi.hu-berlin.de/im/publikdl/2001-4.pdf [10.10.2009, 14:30 Uhr], S. 3, hier wird ein Wirkungszusammenhang von Image, Reputation und Identität gezeigt.

165 Meffert beschreibt den Vertrauensgutcharakter von Dienstleistungen und betont die besondere Bedeutung von Zielgrößen wie Kompetenz und Image im Dienstleistungsmarketing. Vgl. Meffert, Heribert, Marketing: Grundlagen Marktorientierter Unternehmensführung: Konzepte. Wiesbaden 1998, S. 1076. Laut Kotler dominieren bei Dienstleistungen die Vertrauensqualitäten, d.h. Eigenschaften, die der Käufer nur schwer beurteilen kann. Der Kunde muss dem Dienstleistungsanbieter weit mehr vertrauen als einem Sachleistungsanbieter. Vgl. Kotler, Philip, Marketing-Management: Analyse, Planung, Umsetzung, Stuttgart 1999, S. 730f. und Kotler, Philip /Fox, Karen, Strategic Marketing for Educational Institutions, New Jersey 1985, S. 45.

DER STUDIENENTSCHEIDUNGSPROZESS [166]

Des Weiteren möchte die Hochschule geeignete Kandidaten für ihr spezifisches Studienangebot interessieren. Aufgrund der nationalen als auch internationalen Konkurrenzsituation muss das Marketing auf verschiedenen Ebenen koordiniert werden, um maximale Effizienz zu erzielen: In der Prozessanregung muss die Entscheidung herbeigeführt werden, studieren zu wollen, dafür ist es nötig, auch auf internationaler und auf nationaler Ebene die Vorteile eines Studiums heraus zu stellen und eine positive Akzeptanz in der Gesellschaft zu schaffen. Hier sind die Politik, besonders die Bildungsministerien, aber auch die Hochschulen in der Pflicht über eine positive Darstellung und Vertrauen schaffende Kampagnen dies zu erreichen. Auf der Ebene der Such- und Vorauswahlphase sollte in zwei Bereichen agiert werden, einmal die internationale Konkurrenz des Hochschulstandorts Deutschland, zum anderen das Bundesland und den Hochschulstandort, aber auch die Art der Hochschule ins positive Licht rücken. Ein Attraktivitätsproblem ist im geringen Bekanntheitsgrad der deutschen Hochschulen für ausländische Studienanfänger fest zu stellen.[167] Mehrere Initiativen von DAAD, HRK und BLK befassen sich mit dieser Problematik und betreiben im Ausland für den Hochschulstandort Deutschland Hochschulmarketing. Hier muss die Hochschule sich engagieren, engen Kontakt mit den Initiativen halten und deren Erkenntnisse und Erfahrungen in der eigenen Marketing-Arbeit umsetzen. Dadurch kann sie sich einen Vorsprung gegenüber weniger profilierten deutschen Hochschulen verschaffen. In der nationalen Konkurrenzsituation sollte die Hochschule eng mit dem Bundesland zusammenarbeiten und Kooperationen mit dem Hochschulort suchen, um mit den ansässigen Unternehmen und der umliegenden Stadt/Gemeinde die Attraktivität des Standortes voranzubringen, sei es durch Ansiedlung nötiger Infrastruktur oder durch pressewirksame Events. Dies gilt auch für Vereine, in denen sich die privaten Hochschulen zusammenschließen sollten, um die Attraktivität der Hochschulart zu steigern. Am besten ist dies durch ein gemeinsames Vorgehen zu realisieren. Die nächste Ebene ist dann die Hochschule selbst, hier muss die Hochschule ihre Stärken in den Vordergrund stellen und über schon genannte Werbung, Öffentlichkeitsarbeit, Eventmarketing, Internetmarketing, direkte Kommunikation, Rankings usw. die potentiellen Studierenden erreichen. Hier ist für private Hochschulen von Bedeutung, dass Studiengebühren zu 75% Auswirkungen auf die Studienwahl haben.[168] Gerade

---

166 Tutt, Lars, Der Studienentscheidungsprozess. Duisburg 1997, S. 24.
167 Vgl. Statistisches Bundesamt, Hochschulstandort Deutschland 2003. Wiesbaden 2003, S. 41.
168 Vgl. Centrum für Hochschulentwicklung CHE (Hrsg.), Kriterien der Hochschulwahl und Ranking-Nutzung;
http://www.che.de/downloads/IIB_Hochschulwahl_und_Rankingnutzung. pdf [10.10.2009, 12:40Uhr], S. 8.

deswegen müssen private Hochschulen über ihre attraktiven Studienangebote, die gute Atmosphäre an der Hochschule und die gute Ausstattung, sowie durch Service gerade für Studienanfänger, stärker profilieren als staatliche Hochschulen. Die definierten potentiellen Studienanfänger müssen über das Außenkommunikationsportfolio die nötigen Informationen erhalten. Schließlich kommen die Fakultäten, die mit Hilfe der engen Verzahnung mit dem Marketing der Hochschule, die sowohl über ihren Fachbereich an sich informieren und für diesen interessieren, als auch der Marketingzentrale helfen, sich selbst als Hochschule zu profilieren. Der erste Schritt hierbei sind berufsberatende Vorträge, Publikationen und Informationsmaterial über Studiengänge und Hochschulen. Schließlich wird ein potentieller Student einen oder mehrere Studiengänge und eine oder mehrere Hochschulen in die engere Auswahl nehmen. Hier zeigt sich wieder die Verzahnung der Marketing-Maßnahmen für die verschiedenen Gruppen: private Kontakte der Studienkandidaten mit eingeschriebenen Studenten, Absolventen oder Lehrpersonal zählen oft zu den ersten Kontakten mit der Hochschule überhaupt. Gut funktionierende Austauschbeziehungen der Hochschule mit diesen Gruppierungen werden dazu führen, dass diese als Mittler ihren privaten Kontakten positive Informationen vermitteln und das Interesse potentieller Studierender wecken und nähren.

Aber nicht nur Erststudierende sollten ins Auge gefasst werden, auch Studienfachwechsler stellen einen großen Pool an möglichen Studierenden dar.[169]

Die im Anhang beigefügte Grafik zeigt das Problem des Studienfachwechsels auf, dies kann vor allem durch studienbegleitende (Fach-)Beratung reduziert werden. Dies zeigt, dass die Hochschule versuchen kann und muss, nicht nur durch vertrauensfördernde Imagesignale, sondern auch durch angemessene Studieninformation, das Verhalten eingeschriebener Studenten beratend zu beeinflussen. Gerade privaten Hochschulen erwächst hier ein Wettbewerbsvorteil, da Studienfachwechsler oft durch ein Beratungsdefizit frustriert sind. Eine individuelle Studienberatung vermag hier Studienentscheidungen gravierend zu lenken. Eine hohe Bekanntheit und ein positives Image zu haben, erleichtert den Wettbewerb, um Studierende, Ressourcen und Hochschullehrer.[170]

Nur sofern die Hochschule auch über einen hohen Bekanntheitsgrad im relevanten Studienanfängermarkt verfügt, können Wettbewerbsvorteile realisiert wer-

---

169 Siehe Anhang 5:, Studienfachwechsler, S. 81.

170 Albrighton vertritt die Ansicht, dass der Ruf eine Hochschule überleben oder untergehen lässt. Vgl. Albrighton, Frank, Alumni-Arbeit und Public Relations, in: Alumni-Netzwerke: Strategien der Absolventenarbeit an Hochschulen (Hrsg.), Stifterverband für die deutsche Wissenschaft, Essen 2000, S. 54.

den. Dieser Wettbewerbsvorteil wird allerdings weniger bei der endgültigen Entscheidung für eine Hochschule verwirklicht.[171] Vielmehr steht im Vordergrund, Wettbewerbsvorteile in einem frühen Stadium der Studienentscheidung zu realisieren, um die Informationsgrundlage der potenziellen Studienanfänger zu verbessern. Ein Studienanfänger kann in seine Wahl nur die Angebote einbeziehen, die ihm auch bekannt sind. Ein hoher Bekanntheitsgrad der Hochschule kann zudem den Studierenden helfen, nach dem Studium leichter einen Arbeitsplatz zu finden.

5. Partizipatorisches Marketing

Es hat sich gezeigt, dass die Qualität der Hochschulbildung der Dreh- und Angelpunkt für die Schaffung des europäischen Hochschulraumes ist.[172] Dies impliziert die Verlagerung der Steuerungskompetenzen auf die Hochschulen, was die Verpflichtung zur transparenten Rechenschaftslegung beinhaltet, daraus folgt die Qualitätssicherung in ihren unterschiedlichen Facetten. Dies unterstreicht die zentrale Rolle der einzelnen Hochschule[173].

Gerade aus der Verantwortung heraus, die gesellschaftliche Entwicklung mitzugestalten, müssen Hochschulen nach wie vor ein Ort bleiben, an dem gesellschaftliche Anforderungen und Entwicklungen erforscht, hinterfragt und gegebenenfalls kritisiert werden.[174] Hierbei wird deutlich, dass die Experten laut Umfrage eine vertiefte Einbindung der Studierenden unterstützen.[175]

Die Vorschläge reichen von: Hochschulgremien, Tutorenprogramme, allgemeiner Austausch, bis Einbindung in das Qualitätsmanagement. Bei staatlichen Hochschulen wird die Einbindung im „selbstständigem Umgang mit (Lehr-) Lernformen" gesehen, in privaten Hochschulen wird der Marktme-

---

171 Der Ruf der Hochschule ist für 81% der Befragten von Bedeutung, Vgl. Centrum für Hochschulentwicklung CHE (Hrsg.), Kriterien der Hochschulwahl und Ranking-Nutzung; http://www.che.de/downloads/IIB_Hochschulwahl_und_Rankingnutzung.pdf [10.10.2009, 12:40Uhr], S. 8.

172 Vgl. Hoppach, Achim, Hochschulen im Wandel, in: Hochschulrektorenkonferenz (Hrsg.), Hochschule entwickeln, Qualität managen: Studierende als (Mittel)punkt. Bonn 10/2005, S. 13 f.

173 Ebenda, S. 14.

174 Vgl. Gulbins, Annerose, Kommentar und Nachfragen aus Sicht der Studierendenschaft, in: Hochschulen im Wandel, in: Hochschulrektorenkonferenz (Hrsg.), Hochschule entwickeln, Qualität managen: Studierende als (Mittel)punkt. Bonn 10/2005, S. 37.

175 Vgl. Anhang 9: Ergebnisse der Umfrage, S. 99 (Fragebogen siehe Anhang 8: S. 97 f.

chanismus als Einbindungsmöglichkeit und Schaffung eines Wettbewerbsvorteils herausgestellt.

5.1 Einbindung der Studierenden durch Meinungserforschung

Zu Beginn einer Meinungserforschung der Studierenden ist eine Standortbestimmung nötig. Die Nähe zum Heimatort besitzt für Studierende keinen hohen Stellenwert, nur durchschnittlich 2,64 bei einer 1 für „trifft genau zu" und einer 4 für „trifft gar nicht zu". Angebote wie Mensa, Wohnheim, Sport sind für 74% wichtig[176]. Hier zeigt sich die Wichtigkeit der Meinungserforschung von Kundengruppen.

Diese kann in unterschiedlichen Formen erfolgen: Staatliche Statistiken, Aufträge an Agenturen, Experten-, Abiturientenbefragungen. Ausgangspunkt der Befragung ist das Leitbild, in dem der Auftrag und die Zielsetzung der Hochschule verankert sind. Die Zielfestlegung und die Zielgruppenfestlegung greifen Hand in Hand. Die Zielgruppenfestlegung ist aufgrund des strategischen Marketingplans möglich. Besonderheiten der Fachbereiche, spezielle Medien oder die exakten Informationen über die Zielgruppen, deren Einstellungen und Handlungsweisen sind zu berücksichtigen. Die Steigerung der Qualität als zentrale Strategie der partizipatorischen Hochschul- Marketing-Politik ist hierbei als oberstes Ziel definiert. Marketingstrategien beinhalten die Planung und Durchführung der konkreten Maßnahmen zur Erreichung der festgelegten Ziele. Geklärt werden muss, welche Maßnahmen mit welchen Instrumenten und mit welchem Budget verwirklicht werden sollen. Hier sollten die Fachbereiche eng mit der Marketingstelle zusammenarbeiten. Hierbei ist je nach Gegebenheit eine zentrale oder dezentrale Strategie sinnvoll. Die Marketingstelle sollte in diesem Fall als ein kompetenter Ansprechpartner angesehen werden, der hilft, die Corporate Identity der Hochschule zu realisieren. Eine Kontrolle aller Maßnahmen des Prozesses -unter Einbezug der Studierenden- im Hinblick auf die Zielerreichung und die Zielorientierung rundet den Gesamtprozess ab. Die permanente Kontrolle des Zielerreichungsgrades der Marketingziele ist durch Zeitnähe und hohe Operationalisierung regelmäßig zu ermöglichen. Zusätzlich müssen auch die jeweiligen Fachbereichsziele nach Ablauf der Frist zur Erreichung dieser Ziele nicht nur auf ihre Zielerreichung sondern auch auf ihre Stimmigkeit in Bezug auf das Leitbild hin überprüft werden. Eine derartige Prozessplanung setzt voraus, dass die Hochschule sich organisatorisch auf die Durchführung solcher

---

176 Vgl. Centrum für Hochschulentwicklung CHE (Hrsg.), Kriterien der Hochschulwahl und Ranking-Nutzung;
http://www.che.de/downloads/IIB_Hochschulwahl_und_Rankingnutzung.pdf
[10.10.2009, 12:40Uhr], S. 8.

Prozesse unter Einbeziehung der Studierenden vorbereitet. Neben der üblichen Marketingorganisation sind deshalb auch eine klare Struktur und die Regelung der Zuständigkeiten unerlässlich.

EINBINDUNG DER STUDIERENDEN DURCH EVALUATION UND AKKREDITIERUNG

Evaluation ist „*die systematische Untersuchung des Nutzens oder Wertes eines* [Lehr-] *Gegenstandes. Die erzielten Ergebnisse, Schlussfolgerungen und Empfehlungen müssen nachvollziehbar auf empirisch gewonnen qualitativen und/oder quantitativen Daten beruhen.*"[177]

Evaluation erscheint als adäquates Verfahren zur Verbesserung der eigenen Qualität, die Akkreditierung als staatlich motivierte, zur Einhaltung von Mindeststandards gesehene Kontrollmaßnahme, aber auch, um Prozesse der Qualitätsentwicklung durch Hinweise und Empfehlungen anzustoßen (externe Beratung). Evaluationsverfahren haben eine stark nach außen gewandte Funktion, sie werden zunehmend in koordinierten und tendenziell standardisierten Benchmarking-Verfahren durchgeführt, dies bedeutet an der Basis, sie führt zu Zielvereinbarungen oder zur leistungsorientierten Mittelvergabe[178].

Das Hauptaugenmerk der Studierenden richtet sich vielfach auf die Qualität einzelner Lehrveranstaltungen, hier wird das Feedback in Form von Fragebögen durchgeführt, es wird oft gekoppelt mit Befragungen der Lehrenden und ergibt so ein umfassendes Bild der Lehrqualität der Fakultät, jedoch nicht alle Agenturen beteiligen die Studierenden an Peer Review-Verfahren.[179] Studierende sind in den beschließenden Gremien der Akkreditierungsagenturen als auch im Akkreditierungsrat beteiligt, hierin liegt „ein wichtiger Fortschritt in der Partizipation der Studierenden in der Qualitätssicherung."[180] Durch die studentische Mitarbeit wird Multiperspektivität in der Bewertung erreicht und so können wichtige Aussagen zur Studierbarkeit der Studiengänge, der Studienorganisation und deren Didaktik das Gesamtbild abrunden. So werden die Studierenden am dynamischen Prozess der Hochschulentwicklung beteiligt und können so das Er-

---

177 Soellner, Renate; Braun, Edith; Gusy Burkhard, Lehrevaluation aus pädagogisch-psychologischer Sicht, in: Hochschulrektorenkonferenz (Hrsg.), Hochschule entwickeln, Qualität managen: Studierende als (Mittel)punkt. Bonn 10/2005, S. 72.

178 Vgl. Hoppach, Achim, Hochschulen im Wandel, in: Hochschulrektorenkonferenz (Hrsg.), Hochschule entwickeln, Qualität managen: Studierende als (Mittel)punkt. Bonn 10/2005, S. 16.

179 Vgl. Hoppach, Achim, Hochschulen im Wandel, in: Hochschulrektorenkonferenz (Hrsg.), Hochschule entwickeln, Qualität managen: Studierende als (Mittel)punkt. Bonn 10/2005, S. 20f.

180 Ebenda, S. 21.

reichen der gesteckten Ziele und die Profilentwicklung mit steuern und – kontrollieren.[181]

Dies kann folgendermaßen ablaufen:

Das *Evaluationsverfahren*: Es wird begonnen mit Befragungen auf der Ebene einzelner Veranstaltungen zur Evaluation der einzelnen Studiengänge bis hin zu Verfahren der internen und externen Evaluation mit anschließender Zielvereinbarung auf Fach- oder Fachbereichsebene, es ist alles vorstellbar.[182] Es bietet eine Grundlage für die Zielvereinbarungen zwischen den Fächern, Fachbereichen und der Hochschulleitung. Von großer Relevanz ist das Vermeiden von geringen Rücklaufquoten, dies bedeutet, dass man entweder Anreizsysteme schafft, oder die Studierenden in die Pflicht nimmt und ihnen auch schnelle Ergebnisse präsentieren kann. Darüber hinaus muss ein klarer Standard der Beurteilung definiert werden, um zu große subjektive Abweichungen zu vermeiden. Wann ist etwas „gut", wann „schlecht", wann „mittelmäßig" etc., dieser Standard muss sich in allen Evaluierungen wiederfinden.[183] Dann ist auch eine webbasierte, ressourcenschonende Befragung sinnvoll und effektiv, um eine automatisierte Rückmeldung zu erreichen. Entscheidend ist also eine Definition des Erfahrungsdurchschnitts der Studierenden. Allerdings sollte auch der Motivationshintergrund der Studierenden erfragt werden, um die Stärke des Eigeninteresses als Teilnahmegrund an der Veranstaltung und damit als Beeinflussungsfaktor auszumitteln (Pflichtveranstaltung vs. freiwilliger Workshop).[184] Die Evaluation sollte qualitativ oder quantitativ basiert sein. Es ist kontraproduktiv, die Evaluation von Klausuren direkt nach der Bekanntgabe von Prüfungs- oder Lehrveranstaltungsergebnissen stattfinden zu lassen, da hier das subjektive Involvement übergroß ist. Der Bezug zur Verbesserung der Lehre oder des Evaluierungsgegenstandes muss klar bestimmt sein und auch entsprechend kommuniziert werden. Der Bezug der Studierenden zum Evaluationsgegenstand muss „frisch" sein und konkrete, nachvollziehbare Auswirkungen haben, deshalb bietet es sich an, in der Mitte der entsprechenden Lehrveranstaltung eine derartige

---

181 Ebenda, S. 22.
182 Vgl. Schmidt, Uwe, Evaluation: Perspektiven, Beteiligung und Verantwortung Studierender, in: Hochschulen im Wandel, in: Hochschulrektorenkonferenz (Hrsg.), Hochschule entwickeln, Qualität managen: Studierende als (Mittel)punkt. Bonn 10/2005, S. 39f.
183 Vgl. Forum 2: Studentische Lehrveranstaltungskritik und Qualitätsmanagement, in: Hochschulen im Wandel, in: Hochschulrektorenkonferenz (Hrsg.), Hochschule entwickeln, Qualität managen: Studierende als (Mittel)punkt. Bonn 10/2005, S. 66.
184 Vgl. Forum 2: Studentische Lehrveranstaltungskritik und Qualitätsmanagement, in: Hochschulen im Wandel, in: Hochschulrektorenkonferenz (Hrsg.), Hochschule entwickeln, Qualität managen: Studierende als (Mittel)punkt. Bonn 10/2005, S. 67.

Zwischenbilanz zu ziehen. Damit werden Lehrende motiviert, sich Gedanken um eine weitergehende Aktivierung der Studierenden zu machen. Dabei sollten die Lehrenden durch Coaching-Angebote und Supervisionsveranstaltungen von der Hochschule unterstützt werden. So kann eine Optimierung für die direkt beteiligten Studierenden in der noch laufenden Veranstaltung erfolgen. Diese Ergebnisse müssen, um eine entsprechende Akzeptanz der Studierenden zu erreichen, auch zeitnah kommuniziert, in den entsprechenden Hochschulgremien diskutiert werden und zu entsprechenden Konsequenzen führen. Dies kann sich z.B. in der Wahl des „besten Dozenten" äußern, mit angemessener Präsentation und Honorierung. Allerdings sollte eine Konsequenz auch sein können, dass Defizite zu Weiterbildungsmaßnahmen führen, bis zu Veränderungen der Personalstruktur.

Allerdings kann die studentische Befragung nicht in allen Bereichen angewendet werden, vor allem der Bereich der Forschung und damit die Frage der Schwerpunktlegung der Fachbereiche entzieht sich der Bewertung der Studierenden.[185] Dies legt eine Differenzierung in drei Qualitätsdimensionen nahe:

- Struktur,
- Prozess,
- Ergebnis.

Struktur: z.B.: Das angemessene Verhältnis von befristeten und unbefristeten Stellen im Akademischen Mittelbau entzieht sich der Bewertungsfähigkeit der Studierenden. Allerdings können über Befragungen auch Anstöße zur langfristigen Schwerpunktsetzung und zur Personalstruktur gegeben werden. Hier ist allerdings die Länge des Studiums und des Event-Abschlusses von Bedeutung (Alumni). Die Gewichtung sollte hier eher bei den Lehrenden und Mitarbeitern liegen.

In der *Prozessqualität* sind die Studierenden als Adressaten von Lehre zu werten, die sehr genau- unabhängig von hohen oder niedrigen Leistungsforderungen- Vermittlungsformen, Lehrorganisation und Betreuungsqualität bewerten können.[186] Der Übergangsbereich zwischen Struktur- und Prozessqualität wird durch die Rahmenbedingungen, wie Ausstattung, Medien und Serviceleistungen

---

185 Vgl. Schmidt, Uwe, Evaluation: Perspektiven, Beteiligung und Verantwortung Studierender, in: Hochschulen im Wandel, in: Hochschulrektorenkonferenz (Hrsg.), Hochschule entwickeln, Qualität managen: Studierende als (Mittel)punkt. Bonn 10/2005, S. 43.

186 Vgl. Schmidt, Uwe, Evaluation: Perspektiven, Beteiligung und Verantwortung Studierender, in: Hochschulen im Wandel, in: Hochschulrektorenkonferenz (Hrsg.), Hochschule entwickeln, Qualität managen: Studierende als (Mittel)punkt. Bonn 10/2005, S. 44.

definiert. Diese betreffen die Studierenden direkt und können in Richtung einer Defizitanalyse und einer Optimierung erfragt werden.

Die dritte Ebene ist die *Ergebnisqualität*. Die Angemessenheit der Studienleistung und die Chancen im Berufsleben, sowie die Forschungsleistung können bei potenziellen Arbeitgebern, Lehrenden aber auch den Studierenden z.B. über Praktikaergebnisse eruiert werden.[187]

EINBINDUNG DER STUDIERENDEN IN QUALITÄTSZIRKEL

Hochschul- und Qualitätsentwicklung sind nicht in erster Linie über quantitative Auswertungen zu bewerkstelligen, sondern bedürfen in gleichem Maße des Konsenses über dargelegte Problemfelder. Weiter führen moderierte Gruppen- und Einzelgespräche mit Studierenden, nichtwissenschaftlichen und wissenschaftlichen Mitarbeiterinnen und Mitarbeitern, Lehrbeauftragten, Doktorandinnen und Doktoranden sowie Professorinnen und Professoren. Werden diese protokolliert, bauen sie kumulativ aufeinander auf, so dass zentrale Merkmale im internen Evaluationsbericht als Voraussetzung für die externe Evaluation gefiltert und aufbereitet werden können.[188]

Die Bewertungen der Studierenden sind in keiner Weise diffamierend gegenüber einzelnen Lehrenden und insofern bestätigen die Evaluationsergebnisse in keiner Weise die zum Teil artikulierten Befürchtungen, dass Studierende dazu neigen, überzogene Urteile zu formulieren.[189]

Im Gegenteil, ein Qualitätszirkel kann als beratende Institution innerhalb der Qualitätsmanagementprozesse dienen, hier sind Studierende engagiert, die auch für kreative Impulse sorgen können und die Marketingabteilung gerade in Fragen der Außenkommunikation mit (zukünftigen) Studierenden unterstützen können. Studierende sind durch den QZ nicht nur in der Evaluation beteiligt, sondern auch im organisatorisch-strategischen Entscheidungsprozess.[190]

5.2 Qualitätsmanagement

In unterschiedlichen Perspektiven wird „Qualität" und „Qualitätssicherung" unterschiedlich interpretiert. Während Hochschullehrer den Grad der Teilhabe an dem wissenschaftlichen Erkenntnisfortschritt zum Referenzpunkt für Qualität

---

187 Ebenda, S. 44.
188 Ebenda, S. 41.
189 Ebenda, S. 42.
190 Vgl. Erhardt, Manfred, Meyer-Guckel, Volker, Winde, Mathias (Hrsg.), Leitlinien für die deregulierte Hochschule, Essen 2008, S. 67 ff. Hier wird das ganze Tableau des Qualitätsmanagements und dessen Tools grafisch dargestellt. Studentische Vertreter sollten im QZ demokratisch legitimiert sein, z. B. Senatsmitglieder o.ä.

machen, steht für Studierende und Arbeitgeber eher eine adäquate Vorbereitung auf eine spätere berufliche Tätigkeit im Vordergrund von Qualitätsgesichtspunkten.

Die Ministerialbürokratie – in Bund und Ländern – beharrt auf der Erfüllung standardisierter, meist juristischer Vorgaben, um auf diesem Weg Verlässlichkeit und Vergleichbarkeit der Abschlussniveaus zu erzielen. Der Staat setzt somit Effektivität und Effizienz des Mitteleinsatzes zum Kriterium von Qualität. Qualitätssicherungsverfahren sollen nach außen als Rechenschaftslegung gegenüber Interessenträgern dienen.[191]

Dies bedeutet keine Standardisierung aller Hochschulprozesse, denn die Hochschule ist ein Ort an dem heterogene Gruppen mit pluralen Weltanschauungen auf einander treffen. Viele Prozesse und Abläufe im Bereich der Studienreform und Qualitätsentwicklung sind in ihrer Situation einmalig und lassen sich in dieser Form unter den selben Bedingungen auch nicht kopieren.[192] Trotzdem kann der prozessorientierte Ansatz bei der Effizienzsteigerung z.B.: in der Verwaltung wichtige Ansatzpunkte geben oder auch in Fragen der Raumverteilung.

Qualitätsmanagement als Fähigkeit der Hochschule zur eigenständigen profilorientierten Entwicklung wird durch Verfahren der Qualitätssicherung möglichst von (partei-)politischen Erwägungen frei gehalten, deshalb sollen hochschul- und strukturpolitische Entscheidungen rein qualitätsgeleitet sein.[193]

Dies impliziert, *"student participation can be and should be implemented at all levels. […] A student is not an expert automatically and neither are professors or any other person."* [194]

Da jedes System von Qualitätsentwicklung auf einem System aufbauen muss, das alle Interessengruppen einbezieht, muss an erster Stelle ein Qualitätsbegriff

---

191 Vgl. Hoppach, Achim, Hochschulen im Wandel, in: Hochschulrektorenkonferenz (Hrsg.), Hochschule entwickeln, Qualität managen: Studierende als (Mittel)punkt. Bonn 10/2005, S. 15.

192 Vgl. Gulbins, Annerose, Kommentar und Nachfragen aus Sicht der Studierendenschaft, in: Hochschulen im Wandel, in: Hochschulrektorenkonferenz (Hrsg.), Hochschule entwickeln, Qualität managen: Studierende als (Mittel)punkt. Bonn 10/2005, S. 36.

193 Vgl. Hoppach, Achim, Hochschulen im Wandel, in: Hochschulrektorenkonferenz (Hrsg.), Hochschule entwickeln, Qualität managen: Studierende als (Mittel)punkt. Bonn 10/2005, S. 19.

194 Vgl. Bielecki, Andrzej , The The Bologne Process – What role students play, in: Hochschulen im Wandel, in: Hochschulrektorenkonferenz (Hrsg.), Hochschule entwickeln, Qualität managen: Studierende als (Mittel)punkt. Bonn 10/2005, S. 28.

unter Einbeziehung der Studierenden konsensuell definiert werden, sowie die Messkriterien und sinnvolle Messverfahren bestimmt werden.[195]

Um die Studierenden gleichberechtigt und demokratisch ein zu beziehen, werden parlamentarisch-institutionelle Verfahren benötigt, die in allen Hochschulgremien greifen: von der Institutskonferenz bis zum Hochschulrat und den Akkreditierungsagenturen.

Aufgrund der Evaluation können drei Aufgabencluster abgedeckt werden: Qualität der Forschung, Förderungsprozesse des wissenschaftlichen Nachwuchses und des daraus resultierenden Wissenstransfers, Qualität der Lehre und des lebenslangen Lernens, sowie die Qualität der Selbstorganisation, der Verwaltung und der Hochschulsteuerung.[196]

Dies kann als Zirkel dargestellt werden: Prozessplanung, Implementierung, Überprüfung und Konsequenzen.

5.3 Einbindung der Studierenden durch Hochschulaktivitäten

Bisher werden laut Expertenumfrage die Studierenden durchaus in den Studienalltag einbezogen.[197] Eine Einbindung der Studierenden in Richtung der Schaffung einer Corporate Identity gelingt am ehesten durch die Berücksichtigung umfangreicher Interessen der Studierenden. Hier mag die Bedürfnispyramide von Maslow zielführend sein.

„Die Hochschule lebt von der Identifikation der Hochschulmitglieder und muss deren Beteiligung anregen und gewährleisten."[198]

Dies kann erfolgen durch: Tage der Offenen Tür (vergleichbar einem „Lernfestival" an einer Pädagogischen Hochschule), Organisation und/oder Beteiligungen an Ringvorlesungen, Tagungen, Symposien, Veranstaltungen des Studium Generale, Theater-Sportfeste, Kunstausstellungen. Aber auch Abschlussfeiern erhöhen die Identifikation mit der Hochschule z.B.: Bachelor, Master, Fachbereichsfeiern.

Vor allem für die Außenwirkung von Bedeutung ist die Einführung der Erstsemester durch eine Erstsemester-Rally oder ein Einführungswochenende. Durch Ansprechpartner aus höheren Semestern kann die Betreuung und Beratung eine

---

195 Vgl. Gulbins, Annerose, Kommentar und Nachfragen aus Sicht der Studierendenschaft, in: Hochschulen im Wandel, in: Hochschulrektorenkonferenz (Hrsg.), Hochschule entwickeln, Qualität managen: Studierende als (Mittel)punkt. Bonn 10/2005, S. 32.
196 Vgl. Erhardt, Manfred, Meyer-Guckel, Volker, Winde, Mathias (Hrsg.), Leitlinien für die deregulierte Hochschule, Essen 2008, S. 18.
197 Vgl. Anhang 9: Ergebnisse der Umfrage, S. 99 ff. (Fragebogen siehe Anhang 8: S. 97 f..
198 Erhardt, Manfred, Meyer-Guckel, Volker, Winde, Mathias (Hrsg.), Leitlinien für die deregulierte Hochschule, Essen 2008, S. 16.

effektivere, schnellere, zufriedenstellende und ressourcensparende Integration in den Studienalltag ermöglichen. Dies schließt den Aufbau einer Studierendenverwaltung wie z.B. den Asta ein. Hierbei müssen die entsprechenden Ressourcen zur Verfügung gestellt werden und Anreize (z.B. Credit Points) gewährt werden.

5.4 Einbindung der Studierenden durch Hochschulpolitik

Aus Sicht der Dozierenden sind die Studierenden „ausreichend" in die Lehrentwicklung eingebunden, allerdings sehen viele dies auch schon als Eingriff in ihren Entscheidungsbereich.[199] Allerdings zeigen die Ergebnisse studentischer Gremienwahlen, dass sich nur ein sehr geringer Teil der Studierenden hierfür interessiert, wählt und engagiert. Es besteht also durchaus Handlungsbedarf. Bezüglich der politischen Vorgaben der Hochschule zeichnen die Studierenden bei privaten Hochschulen ein eher positives Bild, bei staatlichen ein eher negatives.[200] Eine „duale" Prozedur sollte bei der internen und externen Willensbildung integriert werden.[201]

Extern kann ein Aufsichtsrat (Hochschulrat) mit Beteiligung von Studierenden bzw. Alumnis, Sponsoren, Politikern usw. gebildet werden. Intern sollte der studentische Anteil in den Fachbereichs- und Hochschulgremien erhöht werden, um auch eine erhöhte Akzeptanz zu erreichen, die Legitimation für hochschulpolitische Entscheidungen zu erhöhen und um näher an den Wünschen und Sorgen der Studierenden agieren zu können. Dies erhöht die Bindung der Studierenden an die Hochschule und ihre Zufriedenheit. Hinzu kommt, dass sie in der Gremienarbeit, z:B.: des Senats, weitere Anstöße für innovative Entscheidungen und einen breiteren Konsens liefern können und sich als zusätzliche Human-Ressource einbringen.

Dies zeigt sich auch bei der Leitbildentwicklung: die *„auch Studierendenvertreter drin hat und so dort haben wir zunächst einmal was geplant war, was heißt für uns Leitbild, was soll ungefähr nach unserer Vorstellung drin stehen."*[202]

Dies erscheint als ein positives Modell für die Leitbildentwicklung, das auch die Akzeptanz und damit die Identifikation mit dem Leitbild fördert.

Die Einbindung der Studierenden kann nicht nur altruistisch erfolgen, sondern muss durch Anreizsysteme flankiert werden. Wichtig ist, den Begriff der Regel-

---

199 Vgl. Anh. 9: Ergebnisse der Umfrage, S. 99 ff. (Fragebogen siehe Anh. 8: S. 97 f..

200 Vgl. ebenda.

201 Vgl. Erhardt, Manfred, Meyer-Guckel, Volker, Winde, Mathias (Hrsg.), Leitlinien für die deregulierte Hochschule, Essen 2008, S. 62.

202 Siehe Anhang 7: Interview mit Herrn Krüger, S. 85. Hier ist ein Beispiel für eine partizipatorische Leitbildentwicklung nachzulesen.

studienzeit auszuweiten. Studierenden, die sich am Willens- und Entscheidungsprozess der Hochschule beteiligen, darf kein Nachteil erwachsen. Auch in die Workloadberechnung sollte dies einberechnet werden. Beispielsweise: ECTS-Kreditpunkte für „informelles Lernen: Mitbestimmung" oder gesonderte Stipendienvergabe, Boni, Prämien (unentgeltliche Teilnahme an studienrelevanten Veranstaltungen, Tagungen usw.) u.ä.[203]

5.5 Einbindung der Studierenden in Hochschulprojekte

Einher damit geht eine neue Sicht der Studierenden, dieses Bild muss sich wandeln: vom Objekt von Lehre zum gleichberechtigten Akteur-in.[204]

Auch die Einführung der Arbeitsaufwandsberechnung nach ECTS bietet die Möglichkeit, das Lernen außerhalb der traditionellen Vermittlungsformen anzuerkennen, z.B. Projekte, Nebenjobs, Praktika. Die Gestaltung einer Studieneingangsphase, die es Studierenden ermöglicht, ihre aktive Rolle im Lernprozess zu entwickeln- dies kann nach einem Abitur in unserem Schulsystem nicht vorausgesetzt werden. Die aktuelle Konzentration auf Auswahlprozesse und immer häufigere Leistungstests bringen keine Qualitätsverbesserung der Lehre, sondern Teilung der Studierenden in Elite und „Fußkranke".[205] Eine heterogene Gruppe bringt eine ganz eigene Dynamik hervor und gewährleistet somit eine Förderung der sozialen Schlüsselqualifikationen. Die Auswahl sollte vielmehr eine Hilfe für die Studierenden sein und keine soziale Selektion.

Es darf somit keine Trennung von „berufsqualifizierter" und „forschungsqualifizierender" Ausbildung geben, um den Studierenden eine Partizipation aufgrund ihrer Ausbildung und der Reflexion im gesellschaftlichen und geschichtlichen Kontext zu ermöglichen. Pluralität und Demokratisierung ist ein zentrales Qualitätsmerkmal, ohne die eine einseitig herbeigeführte, nicht vom Konsens getragene Entwicklung eingeschlagen wird.[206]

Möglichkeiten dazu wären:

- Unternehmensberatung, die Bildung von Hochschulfirmen,
- virtuellen Firmen,
- Unternehmensplan: Erstellung, Ideenfindung,

---

203 Vgl. Lippert, Ingmar, Mitbestimmung von Studierenden bei der Qualitätssicherung, in: Hochschulen im Wandel, in: Hochschulrektorenkonferenz (Hrsg.), Hochschule entwickeln, Qualität managen: Studierende als (Mittel)punkt. Bonn 10/2005, S. 34.
204 Vgl. Gulbins, Annerose, Kommentar und Nachfragen aus Sicht der Studierendenschaft, in: Hochschulen im Wandel, in: Hochschulrektorenkonferenz (Hrsg.), Hochschule entwickeln, Qualität managen: Studierende als (Mittel)punkt. Bonn 10/2005, S. 34.
205 Ebenda, S. 35.
206 Ebenda, S. 38.

- Think Tanks, Websites und Beratung,
- Studium von integrierten Projekten mit Verdienstmöglichkeiten z.B.: für eine Kurskasse, Abschlussfeiern
- Hochschulinterne Verbesserungsprojekte z.B.: Erstellung und Betreuung eines HochschulWikis oder einer Communityn
- Gestaltung von Studienräumen oder Sozialräume.

5.6 Werbung von und für Studierende

Meffert definiert Werbung als kommunikativen Beeinflussungsprozess mit Hilfe von (Massen-) Kommunikationsmitteln in verschiedenen Medien, der das Ziel hat, beim Adressaten marktrelevante Einstellungen und Verhaltensweisen im Sinne der Unternehmensziele zu verändern.[207] Werbung wird in der Literatur als bestes Instrument zur Steigerung des Bekanntheitsgrads angesehen.[208] Die studienwahlentscheidende Attraktivität wird jedoch durch die Kommunikation der aktuellen und ehemaligen Studierenden erreicht. Allerdings können diese auch bei der Gestaltung der Werbebotschaft sowie deren Aussehen hilfreich sein, wenn es darum geht, die Zielgruppe effektiv anzusprechen. Die Kommunikation der Werbebotschaft erfolgt mit Hilfe von Werbemitteln wie Anzeigen, Broschüren oder Prospekte, die über Werbeträger verbreitet werden.[209]

Finanzstärkeren Hochschulen steht das gesamte Spektrum an Werbeträgern zur Verfügung, aber auch andere Hochschulen können auf kostengünstige oder kostenlose Varianten zurückgreifen, diese sind möglicherweise für Studieninteressierte sogar attraktiver: Eine Profilfilm kann online (Youtube, Homepage) gestellt werden, der durch Studierende im Projekt erstellt wurde und die Zielgruppe spontaner und direkter anspricht. Der Online-Werbebereich bietet noch weitere Möglichkeiten. Die potentiell Studierenden nutzen mittlerweile größtenteils das Internet als Informationsmedium. Gerade hier können Studierende gut eingebunden werden, um im Web 2.0 neben Bannerwerbung auch Werbung in Social-Networks (z.B.: Schüler-VZ), oder Blogs und Foren betreiben zu können. Dieser User Generated Content kostet die Hochschule keine wertvolle „Ressourcen", wenn Sie die Studierenden zur Teilnahme animiert. Dies erhöht auch die Suchmaschinentreffer des eigenen Internetangebotes. Hinzu kommt, dass ein Hochschulwiki auch den eigenen Studierenden zu Gute kommt und in der Ver-

---

207 Vgl. Meffert, Heribert, Marketing: Grundlagen Marktorientierter Unternehmensführung: Konzepte. Wiesbaden, 8. Aufl. 1998, S 692; Meffert, Heribert, Burmann, Christoph, Kirchgeorg, Manfred, Marketing: Grundlagen Marktorientierter Unternehmensführung, Wiesbaden 2008, S. 649.

208 Vgl. Kotler (1999), S. 964, Weis (1999), S. 405, Wangen-Goss (1983), S. 226.

209 Vgl. Tutt, Lars, Marketing-Kommunikation für Hochschulen. Duisburg 1997, S. 15 f.

knüpfung mit einer Hochschul-Community-Plattform, die Hochschule mit sozialem Leben anreichert, welches sich im Internet wiederspiegelt und damit weitere potentielle Studierende zur Teilnahme einlädt.[210] Dies sind vielfach auch Formen der Direktkommunikation, die „eine Anbahnung und Aufrechterhaltung einer direkten, personalisierten Interaktion mit aktuellen und potentiellen Kunden dient."[211] Dies sollte von der Hochschule durch ein professionelles Database-Marketing unterstützt werden. Alle relevanten Daten sollten in einem Data-Warehouse gespeichert werden und z.B. für einen personalisierten Kunden-News-Letter genutzt werden.[212] Auch im Bereich der klassischen Werbung können die Studierenden einbezogen werden, indem sie die Werbetexte und Flyer gestalten. Dies kann auch der „Ambient Media" Werbung zu Gute kommen.[213] Auch im Sponsoring eigener Studierendenmannschaften zur Steigerung des Bekanntheitsgrades gibt es Potentiale für die Hochschule z.B.: das zur Verfügungstellen der Trikots mit der Nutzung als Werbefläche.[214] Weitere kostengünstige Möglichkeiten und damit gerade für kleinere private Hochschulen besonders attraktiv sind:

- Schwarze Bretter und Anschlagtafeln in Schulen, Arbeitsämtern und anderen relevanten Gebäuden,
- Kostenlose Anzeigen in Zeitungen und Zeitschriften,
- Eintrag der Internetseiten in Suchmaschinen oder Portalen,
- Anzeigen oder Beilagen in Schülerzeitungen,
- Infozettel und Broschüren an Schulen und anderen relevanten Gebäuden,
- Direktmarketingkampagnen, um Multiplikatoren in Arbeitsämtern und Schulen zu erreichen,
- Bildungs-Messen,
- BOGy (Berufsorientierung am Gymnasium).

Verkaufsförderung als Teil der Werbestrategie dient der kurzfristigen Steigerung des Absatzes von Produkten oder Dienstleistungen. Für Meffert bedeutet Ver-

---

210 Vgl. Meffert, Heribert, Burmann, Christoph, Kirchgeorg, Manfred, Marketing: Grundlagen Marktorientierter Unternehmensführung, Wiesbaden 2008, S. 665 ff.
211 Ebenda, S. 670.
212 Ebenda, S. 672.
213 Vgl. Meffert, Heribert, Burmann, Christoph, Kirchgeorg, Manfred, Marketing: Grundlagen Marktorientierter Unternehmensführung, Wiesbaden 2008, S. 654.
214 Zur Auswahl und Vorgehensweise bei der Werbeplanung vgl. Philip /Fox, Karen, Strategic Marketing for Educational Institutions, New Jersey 1985, S. 297, zur Budgetplanung und zur Strategieplanung vgl. Meffert, Heribert, Burmann, Christoph, Kirchgeorg, Manfred, Marketing: Grundlagen Marktorientierter Unternehmensführung, Wiesbaden 2008, S. 632 ff.

kaufsförderung, die Analyse, Planung, Durchführung und Kontrolle zeitlich befristeter Maßnahmen mit Aktionscharakter, die eingesetzt werden, um auf nachgelagerten Vertriebsstufen (potentielle Studierende, Multiplikatoren) durch zusätzliche Anreize die Kommunikations- und Distributionsziele einer Hochschule zu erreichen[215]. Verkaufsförderung wird als Unterstützung zu anderen Marketing-Aktivitäten eingesetzt. Zielgruppen sind neben den studentischen Kunden auch die Absatzmittler oder das Verkaufspersonal (Hochschulleitung, Messe-Eventteam). Auf Veranstaltungen kann es Sinn machen, Verkaufsförderung in Form kleiner Geschenke zu betreiben, wie zum Beispiel Kugelschreiber. Eingesetzt werden können solche Geschenke jedoch nur, um auf eine Hochschule aufmerksam zu machen. Die Wiederholung eines bestimmten Logos prägt die Hochschule ins Gedächtnis ein, wenn die Informations-Werbe-Veranstaltung Eventcharakter zeigt. Die Einbindung der Studierenden kann hier in vielfältigen Formen erfolgen, zum einen kann im Rahmen eines Projekts die Gestaltung der Werbemittel (Messestand, Werbefilm, u.ä.), oder durch die Organisation einer derartigen Veranstaltung und durch das Stellen des Personals. Um die Bekanntheit einer Hochschule zu steigern, sind neben diesen Geschenken verschiedene Maßnahmen der Verkaufsförderung denkbar, etwa:

- Preise und Auszeichnungen (etwa die beste Note im Abitur- Bezug zum Profil der Hochschule),
- Gewinnspiele,
- Unterrichtsmaterialien zu bestimmten Themenstellungen,
- Einladung von Multiplikatoren an die Hochschule,
- Wettbewerbe (etwa Forschungswettbewerbe),
- Präsentation auf Bildungs-Messen, Tag der Offenen Tür.

Hier bietet sich auch die Möglichkeit, die Studierenden und Ihre Erfolge zu präsentieren, um potentiell Studierende und Sponsoren anzusprechen. Die Studierenden können Ihre bisherigen Projekte präsentieren und Erfahrungen im öffentlichen Diskurs machen. Auch eine Projektprämierung kann so öffentlich erfolgen und durch das Zusammenwirken der verschiedenen Marketing Maßnahmen wie Öffentlichkeitsarbeit eine breitere Werbewirkung entfalten.

5.7 Öffentlichkeitsarbeit und Innenkommunikation

Öffentlichkeitsarbeit ist zentrales Kommunikationsinstrument einer marketingorientierten Unternehmenspolitik, das den Dialog mit allen relevanten externen Märkten und Interessengruppen und den internen Dialog fördert und auf diesem Wege dazu beiträgt, die unternehmerischen Ziele in Abstimmung mit den betei-

---

215 Vgl. nach Meffert, Heribert, Burmann, Christoph, Kirchgeorg, Manfred, Marketing: Grund-lagen Marktorientierter Unternehmensführung, Wiesbaden, 2008, S. 675.

ligten Interessengruppen bestmöglich zu realisieren.[216] In dieser Definition wird deutlich, dass Öffentlichkeitsarbeit sowohl nach innen als auch nach außen gerichtet ist.[217] Im Dialog mit allen Beteiligten müssen die Grundsätze der Öffentlichkeitsarbeit Offenheit, Wahrhaftigkeit und überzeugende Argumentation gelten, um eine hohe Akzeptanz und ein glaubhaftes Image bei den internen und externen Zielgruppen zu erreichen.[218]

Da Hochschulen auf Grund ihrer Informationspflicht bereits langjährige Erfahrungen mit der Öffentlichkeitsarbeit besitzen, ist das wichtigste Instrument im Rahmen der Hochschulkommunikation vorhanden, das hilft, das Profil der Hochschule adäquat nach außen und innen zu kommunizieren und so die öffentliche Meinung positiv zu beeinflussen. Ansatzpunkt für die Öffentlichkeitsarbeit sind die Leistungsströme der Hochschule und die sich daraus ergebenden Beziehungen. Auf Grund der vielfältigen

Interessengruppen, die eine Hochschule unterscheiden kann, ergeben sich hohe Anforderungen an die Öffentlichkeitsarbeit. Gerade in Bezug auf das Personal und die Studierenden, die eine Sonderstellung als Nachfrager und Produzenten einnehmen, muss Öffentlichkeitsarbeit auch auf die internen Beziehungen eingehen. Diese Personen sind Multiplikatoren, die ihr Bild der Hochschule nach außen tragen und so die Bekanntheit der Hochschule steigern helfen. Viele Hochschulen übersehen bei ihrer Arbeit jedoch die internen Beziehungen und verstehen Öffentlichkeitsarbeit eher als eine Art Anlaufstelle für Medien bzw. die „Öffentlichkeit". Besonders wichtig sind hier die Alumni-Netzwerke. Die Absolventen können in ihrem Umfeld potenzielle Studienanfänger direkt beeinflussen, um die Rekrutierung zu unterstützen.[219] Das Grundziel der Public Relations ist die Steigerung des Bekanntheitsgrades und positive Imagebildung. PR ist in der Lage Einstellungen gegenüber der Hochschule zu verbessern[220]. Beispiele siehe Kapitel 4.2 und 4.6.

---

216 Vgl. Erichsen, Hans-Uwe (Hrsg.), Zur Öffentlichkeitsarbeit der Hochschulen, Empfehlung des 176. Plenums der HRK vom 03.07.1995 in Bonn, S. 3.
217 Ebenda, S. 3.
218 Ebenda, S. 7 f. und Topf, Cornelia, Öffentlichkeitsarbeit im Rahmen des Hochschulmarketing. Frankfurt/Main, Berlin, Bern u.a. 1986, S. 194.
219 Vgl. Ewers, Hans-Jürgen, Alumni-Arbeit braucht Kooperation und Konkurrenz. (Hrsg.), Stifterverband für die deutsche Wissenschaft, Essen 2000, S. 24-35S. 26 und Albrighton, Frank, Alumni-Arbeit und Public Relations, in: Alumni-Netzwerke: Strategien der Absolventenarbeit an Hochschulen (Hrsg.), Stifterverband für die deutsche Wissenschaft, Essen 2000, S. 52-59, S. 54.
220 Vgl. Meffert, Heribert, Burmann, Christoph, Kirchgeorg, Manfred, Marketing: Grundlagen Marktorientierter Unternehmensführung, Wiesbaden 2008, S. 674.

Im Studien- oder psychologischen Beratungsprozess ist eine weitere Form der direkten Kommunikation gegeben. Unter persönlicher Kommunikation wird in diesem Fall eine direkte, persönliche Kommunikation zwischen einem Berater und dem potenziellen Studienanfänger verstanden. Berater können dabei alle Personen sein, die den potenziellen Studienanfänger in seiner Entscheidung unterstützen. Dies können beispielsweise Berufsberater, Mitarbeiter der Hochschule, Studierende und ehemalige Studierende, Bekannte oder Lehrer sein. Es darum, die Kommunikationsbeziehungen zu den Beratern im Studienentscheidungsprozess oder in der psycho-sozialen Beratung positiv zu gestalten und dies für die Bekanntmachung des Leistungsangebots der Hochschule bei den Beratern zu nutzen. Geraden den Studierenden ist wegen der hohen Glaubwürdigkeit und dem direkten Involvement eine große „Senderqualität" zuzuschreiben.[221] Aufgabe der Hochschule ist es, diese Beziehungen zu pflegen, ein positives Bild zu erzeugen und die Berater in das Geschehen der Hochschule einzubinden, um sie im Sinne einer optimierten Studienberatung gezielt mit Informationen zu versorgen.

5.8 Auswahl der Instrumente

Beim Einsatz sämtlicher Kommunikations- und Werbemaßnahmen ist auf den stringenten Bezug zur Corporate Identity und zum Leitbild zu achten. Die Bedeutung sowie die Bildung einer solchen Corporate Identity wurde bereits in den Kapiteln 1.3 und 3.2 angesprochen. Die Corporate Identity hat die Aufgabe, die verschiedenen und unterschiedlichen Kommunikationsmöglichkeiten zu bündeln und zu fokussieren, so dass eine hochschulspezifische Identität ausgeprägt wird. Begrenzungsmarge für die Gestaltung des Kommunikations-Mix ist meist das Budget, das für Werbe- und Informationsmaßnahmen zur Verfügung steht. Den Hochschulen steht meist wenig Geld für die Realisierung von PR-Kampagnen zur Verfügung. Doch auch mit einem geringen Budget kann Öffentlichkeitsarbeit betrieben werden, so die Ressourcen der Hochschule effektiv genutzt werden. Das Human - Kapital der Hochschule sind die „eigenen" Studierenden, deren Kompetenzen und Fähigkeiten es im Sinne der Hochschule aus zu loten gilt. Bei hoher Zufriedenheit und der Möglichkeit der selbstwirksamen Bildungsarbeit (Kapitel 2.2.) ist die Partizipation auch im Marketing-Bereich möglich und für die effektive Ressourcennutzung der Hochschule auch notwendig. Doch ist dies nicht nur ökonomisch sinnvoll, sondern dient auch der Seriosität, Glaubwürdigkeit und Authentizität der Corporate Identity und damit des partizipatorisch gestalteten Marketing.

---

221 Ebenda, S. 704.

6 Schlussbetrachtung

6.1 Fazit und Modell partizipatorischen Marketings

Wichtig ist vor allem immer die Hochschule in Ihrer gesamten „Umwelt" zu sehen. Die Hochschule sollte sich der verschiedenen Anspruchsgruppen bewusst sein. Die relevantesten für private Hochschulen sind die Studierenden, die Ihren Anspruch auf eine gute zukunftsfähige Ausbildung legen sowie die potentiellen Studierenden, hierzu gehören auch die Absolventen, denen der Ruf ihrer Herkunftshochschule für ihre Berufsbiographie und -karriere von großer Bedeutung ist. Diese finden sich auch mit andern in der Gruppe der Wirtschaftsunternehmen wieder, deren Anspruch in hervorragend (aus-)gebildeten Mitarbeitern und Führungskräften liegt, aber auch in der Erforschung neuer Technologien und der wissenschaftlichen Auseinandersetzung mit unternehmensrelevanten Themen.

Hochschulmitarbeiter sind ebenfalls eine wichtige Anspruchsgruppe, die am wirtschaftlichen Erfolg der Hochschule teilhaben möchte, sowie an der Unterstützung der eigenen Karriere interessiert ist.

GESAMTPERSPEKTIVE EINER HOCHSCHULE, EINFLUSSFAKTOREN, UMWELT UND ANSPRUCHSGRUPPEN.[222]

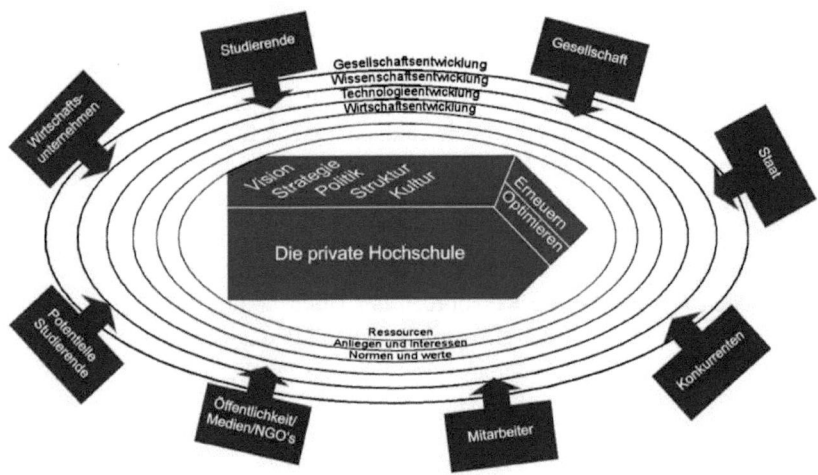

Abb. 4: Gesamtperspektive einer Hochschule

---

222 Eigene Grafik in Anlehnung an das Neue St. Gallener Management Modell, vgl. Neues St. Gallener Management Modell, Quelle: http://www.ifb.unisg.ch/org/Ifb/ifbweb.nsf/ www PubInhalte Ger/St.Galler+Management-Modell?opendocument [09.10.09 10uhr 45].

Auch die Konkurrenten dürfen nie aus den Augen gelassen werden, um Benchmarks zu setzen, aber auch um frühzeitig relevante Entwicklungen zu prognostizieren. Allerdings sind hier auch Synergien zu suchen, um den gesamten Hochschulsektor im internationalen Vergleich besser aufzustellen und sich gegenseitig durch Kompetenzzentren und Kooperationen zu befruchten. Der Staat ist an hochqualifizierten Arbeitnehmern und demokratisch gesinnten Bürgern interessiert, die den Staat tragen und die Wirtschaft des Landes im globalen Wettbewerb durch Innovation in Forschung und als humane Ressource voranzutreiben. Ähnliche Ansprüche hat die Gesellschaft an die Hochschule, die sich allerdings auch Antworten auf gesellschaftsrelevante Problemfelder erwartet. Und letztlich ist noch die Anspruchsgruppe der Öffentlichkeit/Medien und NGO's [223] zu berücksichtigen, die Veröffentlichungen und Diskussionsthemen erwarten.

Die Hochschule sieht sich immer durch verschiedene Einflusssphären tangiert, wie ihre zur Verfügung stehenden Ressourcen, die Anliegen und Interessen, die an sie gerichtet sind und den gesellschaftlichen Normen und Werten, denen sie unterliegt. Dabei muss sich die Hochschule auch verschiedener Entwicklungsparameter bewusst sein wie z.B. der gesellschaftlichen Entwicklung. Dies bedeutet z.B. dass Studierende immer mobiler werden und die Studiengänge entsprechend ausgerichtet sein müssen. Hier können sich auch ganz neue Studienwege abzeichnen und damit neue Kundenfelder. Auch die Wissenschaftsentwicklung und die Technologieentwicklung beeinflussen die Lehre. Gerade die Wirtschaftsentwicklung und damit eine Geld- und Lehr-Ergebnisabnehmer-Quelle ist von großer Bedeutung. Hier müssen möglichst frühzeitig Entwicklungen erkannt und untersucht werden, um angemessen reagieren zu können. Hier sind das Career Service Center, das Alumni-Netzwerk und das Unternehmensnetzwerk gefordert. Die Hochschule selbst ist immer in ihrer Ganzheit zu betrachten, dazu gehören die Vision und die Hochschulstrategie, die Hochschulpolitik, ihre Struktur (z.B.: hierarchisch oder demokratisch-partizipatorisch), aber auch die „gelebte Hochschulkultur", all dies sind Faktoren, die insgesamt Einfluss auf die Hochschule nehmen und im besten Fall in einen Qualitätskreislauf eingebunden sind, um eine ständige Optimierung zu erfahren oder eine komplette Erneuerung und Reflexion des Vorhandenen.

Auch die Implementierung oder Beeinflussung der hochschulinternen Prozesse unterliegt diesen Faktoren. Das partizipatorische Marketing bietet nun ein Tool zur qualitativ- differenzierten Einbindung des Produkts und Konsumenten von

---

223 Nichtstaatliche, regierungsunabhängige Organisationen. Eine nicht auf Gewinn gerichtete, von staatlichen Stellen weder organisierte noch abhängige Organisation.

Forschung und Lehre in alle Bereiche der Hochschule. Die differenzierte studentische Partizipation reicht von der normativen, zur strategischen bis hin zur operativen Managementebene.

6.2 Zusammenfassung in zehn Thesen

1. Es ist ökonomisch effektiv, die Ressource „Student" in die Forschungs-, Lehr- und Verwaltungsarbeit der privaten Hochschule einzubinden.
2. Für den Bildungs- und Studienprozess der Studierenden ist es aktivierend und identitätsfördernd im Sinne „lebenslangen Lernens", wenn sie in den Lehr- und Lernprozessen an der Hochschule selbstwirksam mitbestimmen können.
3. Das Image und die Bildungs-Wirksamkeit der privaten Hochschule werden durch den Einbezug studentischer Ressourcen werbewirksam gesteigert.
4. Nur unter der Bedingung aktiver Mitwirkung Studierender am Leitbildprozess kann sich die Corporate Identity der Hochschule authentisch realisieren.
5. Das langfristig wertvollste Humankapital der Hochschule sind die ehemaligen, gegenwärtigen und zukünftigen Studierenden, die es als gleichberechtigte Partner zu akzeptieren gilt.
6. Die überkomplexe soziale, kulturelle, politische und ökonomische Umwelt der Hochschule erfordert unter Rückgriff auf die Ressource Studentenschaft, diese in die demokratische Institution Hochschule möglichst gleichberechtigt an Rechten und Pflichten durch Teilnahme und Mitwirkungsmöglichkeiten zu integrieren.
7. Nur durch die Partizipation der Studierenden ist eine qualitätsvolle Profilbildung möglich, die durch ihre authentische Corporate Identity international werbend ausstrahlen kann. Dafür ist es nötig, den Lehrfokus auf die Studierenden im Kontext der fluiden Gesellschaft zu legen, um sich in den internationalen und gesellschaftlichen Bedingungen behaupten zu können.
8. Aufgrund der erfolgreichen Partizipation der Studierenden und deren Verzahnung mit der Praxis ist es möglich, ökonomisch, politische und kulturelle Netzwerke zu initiieren, auszubauen und nachhaltig zu festigen.
9. Die Partizipation der Studierenden erlaubt eine intensive und persönlich –gezielte Werbung, die auf die gleichaltrige Kundengruppe hin optimiert ist. Denn die Einbindung der Studierenden ermöglicht eine besser fokussierte und personalisierte Marktforschung und damit einen besser definierten Kundenmarkt. Dies bedeutet auch aussagekräftigere Daten, mit denen ein größerer Einfluss auf den Studienentscheidungsprozess erreicht wird.
10. Durch die direkte Einbindung des Bildungskonsumenten in die Qualitäts- und Evaluationskreisläufe ist eine größere Akzeptanz und Nachhaltigkeit für die Qualitätsentwicklung gegeben.

6.3 Ausblick

Die Dynamik der Hochschullandschaft deutet an, dass die staatlichen Hochschulen aufgrund der eingeleiteten Reformen langfristig aufholen werden. Private Hochschulen müssen sich entsprechend nachhaltig profilieren und positionieren.

Ein Vorteil besteht darin, dass sie schneller auf gesellschaftliche und ökonomische Veränderungen und Anforderungen reagieren können.

Deshalb sollten sie sich langfristig als breitgefächerte Alternative gegenüber den staatlichen Hochschulen etablieren und sich nicht nur als „Nischenfüller" verstehen. Gerade durch eine größere Zuwendung zur ihrer Zielgruppe können sich die privaten Hochschulen hier Marktvorteile erarbeiten.

Dies setzt voraus, dass sie ihre gegenwärtigen und ehemaligen Studierenden in Lehre, Forschung und Hochschulstrategie einbinden. Diese Partizipation bietet die Gewähr dafür, dass sich so haltbare soziale Netzwerke knüpfen lassen, die als Basis und Ressource für die Expansion der privaten Hochschulen (über-)lebensnotwendig sind.

7. Literatur

Albrighton, Frank, Alumni-Arbeit und Public Relations, in: Alumni-Netzwerke: Strategien der Absolventenarbeit an Hochschulen (Hrsg.), Stifterverband für die deutsche Wissenschaft, Essen 2000, S. 52-59.

Alewell, Karl, Marketing-Management für Universitäten, in: Zeitschrift für Organisation, Nr. 5/1977, S. 263-274.

Bertelsmann Stiftung (Hrsg.), Hochschulpolitik im internationalen Vergleich (Hrsg.) von Bertelsmann Stiftung: von Goedebuure, L./Kaiser, F./Maasen, P. u.a., Gütersloh 1993.

Bieberstein, Ingo, Dienstleistungsmarketing, Ludwigshafen 1998.

Blum, Jürgen (Hrsg.), Wissenschaftsmanagement: Spitzenleistungen trotz knapper Mittel durch Management der Wissenschaft, Wissenschaftsmanagement, Stuttgart 1993.

Blum, Jürgen, Wissenschaftsmanagement. Standort, Perspektive, in: Wissenschaftsmanagement: Spitzenleistungen trotz knapper Mittel durch Management der Wissenschaft, hrsg. von J. Blum, Stuttgart 1993a, S. 19-48.

Bolsenkötter, Heinz, Die Hochschule als Betrieb, in: DUZ, 32. Jg., Heft 22, 1976.

Bulmahn, Edelgard, Mut zur Veränderung: Deutschland braucht moderne Hochschulen. Vorschläge für eine Reform, Bonn 1999.

Bundesministerium für Bildung und Forschung (BMBF), Der Europäische Hochschulraum - Gemeinsame Erklärung der Europäischen Bildungsminister 19. Juni 1999, Bologna, im Internet auf: http://www.bologna-berlin2003.de/pdf/bologna_deu.pdf,kfh.ch/content/stable.cfm?stb=41&trg=2 [09.10.2009, 16:15 Uhr].

Bundesministerium für Bildung und Forschung (BMBF) (Hrsg.), Deutsche Studierende im Ausland. Ein statistischer Überblick 1980-1998, Bonn 2000.

Bundesministerium für Bildung und Forschung (BMBF.) (Hrsg.), Die wirtschaftliche und soziale Lage der Studierenden in der Bundesrepublik Deutschland 2000. Bundesministerium für Bildung und Forschung, Bonn 2000.

Bundesministerium für Bildung und Forschung (BMBF) (Hrsg.), Hochschuldienstrecht für das 21. Jahrhundert. Das Konzept des BMBF. Bundesministerium für Bildung und Forschung, Bonn 2000a.

Bundesministerium für Forschung und Bildung (BMBF), Bericht zur technologischen Leistungsfähigkeit Deutschlands, BMFB 2007, http://www.technologische-leistungsfaehigkeit.de/de/1869.php. [08.10.2009, 10:45 Uhr].

Bundesverband der Deutschen Industrie (BDI.) (Hrsg.), Wissenschaft und Industrie: Gemeinsam Strategien entwerfen, gemeinsame Erklärung von 9 Verbänden aus Industrie und Wissenschaft, veröffentlicht als Pressemitteilung des BDI Nr. 36/00 am 09.04.2000 in Berlin, Quelle: http://www.berlinews.de /archiv/948.shtml[10.9.2009,10:30 Uhr].

Bundesverband Deutscher Arbeitgeberverbände BDA/Hochschulrektorenkonferenz HRK (Hrsg.), Qualitätssicherung und Leistungssteigerung an Hochschulen durch Wettbewerb - gemeinsame Erklärung des BDA und der HRK am 28.11.2001 in Berlin, Quelle: www.hrk.de/de/download/dateien/HRK-Arbeitsbericht_2001.pdf [10.10.2009, 10:30].

Centrum für Hochschulentwicklung (CHE) (Hrsg.), Die Zustimmung zu Studiengebühren in Deutschland wächst. Pressemitteilung des CHE vom 03.07.2000. http://www.checoncept.de/cms/?getObject=5&getNewsID=43&getCB=212&getLang=de   [09.10.2009, 12:15Uhr].

Centrum für Hochschulentwicklung CHE (Hrsg.), Studie: Hochschulrankings wichtige Orientierungshilfe für Abiturienten. Pressemitteilung des CHE vom 05.09.2001. http://www.che.de/downloads/IIB_Hochschulwahl_und_Rankingnutzung.pdf[10.10.2009, 12:40Uhr].

Das Lexikon der Wirtschaft. Grundlegendes Wissen von A bis Z, 2008, Sonderausgabe für die Bundeszentrale für politische Bildung Band 414, Bonn 2008.

Deutschland, in: Goedegebuure, Leo et al. (Hrsg.): Hochschulpolitik im internationalen Vergleich. Gütersloh: Bertelsmann 1993.

Encarnaçâo, Jose, Leidhold, Wolfgang, Reuter, Andreas, Szenario 2005: Die Universitäten im Jahre 2005, in: Informatik Spektrum vom 23. August 2000, S. 264-270.

Erhardt, Manfred, Meyer-Guckel, Volker, Winde, Mathias (Hrsg.), Leitlinien für die deregulierte Hochschule. Kodex guter Führung. Hrsg. Vom Stifterverband für die Deutsche Wissenschaft. Heinz Nixdorf Stiftung, Essen 2008.

Erichsen, Hans-Uwe (Hrsg.), Profilelemente von Universitäten und Fachhochschulen (Hrsg.), Erichsen, H.- U., Verabschiedung des 181. Plenums der HRK vom 24./25. Februar 1997 in Bonn.

Erichsen, Hans-Uwe (Hrsg.), Zur Öffentlichkeitsarbeit der Hochschulen, Empfehlung des 176. Plenums der HRK vom 03.07.1995 in Bonn.

Ettenberg, Elliot, Überleben im Käufermarkt von Morgen. Was bleibt, was kommt, was Sie tun müssen REDLINE WIRTSCHAFT bei verlag moderne industrie; Frankfurt 2003.

Ewers, Hans-Jürgen, Alumni-Arbeit braucht Kooperation und Konkurrenz, in: Alumni-Netzwerke: Strategien der Absolventenarbeit an Hochschulen (Hrsg.), Stifterverband für die deutsche Wissenschaft, Essen 2000, S. 24-35.

Fend, Helmut, Bildungserfahrung und produktive Lebensbewältigung – Ergebnisse der Life-Studie, In: Fatke, Reinhard; Merkens, Hans (Hrsg.) 2006, Bildung über die Lebenszeit, Wiesbaden 2006.

Frackmann, Edgar, de Weert, Egbert: Hochschulpolitik in der Bundesrepublik, 1993.

Frankfurter Allgemeine Hochschulanzeiger. Karriere studieren. Studieren 2000. Wie das Internet den Hochschulalltag verändert, Hochschulanzeiger Nr. 102.

Froböse, Michael, Die Bedeutung der Vermittlung von Schlüsselqualifikationen im Rahmen der universitären Ausbildung von Wirtschaftswissenschaftlern . Befunde einer empirischen Untersuchung, in: Herausforderungen für das Marketing in Forschung und Lehre, Sternenfels, Berlin 1996, S. 129-140.

Froböse, Michael, Möglichkeiten zur Förderung der Handlungskompetenz in der universitären Ausbildung von Wirtschaftswissenschaftlern, in: Herausforderungen für das Marketing in Forschung und Lehre, Sternenfels, Berlin 1996a, S. 141-150.

Froböse, Michael; Kaapke, Andreas, Marketing. Eine praxisorientierte Einführung mit Fallbeispielen, Frankfurt, New York 2000.

Gabler Lexikon-Redaktion (Hrsg), Kleines Lexikon Wirtschaft, Lizenzausgabe für die Bundeszentrale für politische Bildung, Bonn 1991.

Hellwig-Beck, Entwicklungen und Perspektiven des strategischen Marketing, in: Herausforderungen für das Marketing in Forschung und Lehre, hrsg. von H. Hörschgen, M. Froböse, Sternenfels, Berlin 1996, S. 31-49.

Hochschulrektorenkonferenz (Hrsg.), Hochschule entwickeln, Qualität managen: Studierende als (Mittel)punkt. Die Rolle der Studierenden im Prozess der Qualitätssicherung und -entwicklung. Projekt Qualitätssicherung. Beiträge zur Hochschulpolitik, Bonn 10/2005.

Homburg, Chistian; Krohmer, Harley, Marketingmanagement. Wiesbaden: Gabler 2003.

Hörschgen, Hans, Cierpka, Ralf, Friese, Marion, Steinbach, Ralf, Erfolg in Studium und Beruf . eine empirische Analyse über Erfolgsfaktoren von Wirtschaftswissenschaftlern, Stuttgart-Hohenheim 1993.

Hörschgen, Hans, Froböse, Michael (Hrsg.), Herausforderungen für das Marketing in Forschung und Lehre, Sternenfels, Berlin 1996.

Kaapke, Andreas, Strategisches Marketing für Non-Business-Organisationen, in: Herausforderungen für das Marketing in Forschung und Lehre, hrsg. von Hörschgen, H., Froböse, M. Sternenfels, Berlin 1996, S. 99-110.

Kaapke, Andreas, Heinz, Hubert, Hochschulrankings. Anspruch und Wirklichkeit, in: Wirtschaftswissenschaftliches Studium, Nr. 8, 1996, S. 431-433.

Keupp, Heiner, „Identitäten in der Ambivalenz der Postmodernen Gesellschaft" Vortrag beim 6. Benediktbeurer Herbstforum „...entweder – und ..." Vom Umgang der Sozialen Arbeit mit unlösbaren Widersprüchen am 19.10.2002 in Benediktbeuren, 2002.

Keupp, Heiner, Identitätskonstruktionen, Vortrag bei der 5. bundesweiten Fachtagung zur Erlebnispädagogik am 22. 9.2003 in Magdeburg.

Keupp, Heiner, „Patchwork-Identität – Riskante Chancen bei prekären Ressourcen". Vortrag in Dortmund am 20. 5. 2005.

Keupp, Heiner, Bildung zwischen Anpassung und Lebenskunst. Ressourcen der Lebensbewältigung, Vortrag auf dem „Tag der Weiterbildung" am 3. 3. 2006 in St. Johann im Pongau.

Kotler, Philip, Fox, Karen 1985, Strategic Marketing for Educational Institutions, New Jersey 1985.

Kotler, Philip/Bliemel, Friedhelm, Marketing-Management. Stuttgart 2001.

Kotler, Philip, Marketing für Non-Profit-Organisationen. Stuttgart: Poeschel 1978.

Kotler, Philip, Marketing für den öffentlichen Bereich, in: DBW, 39. Jg., Heft 3, 1979, S. 421-430.

Kotler, Philip, Marketing-Management: Analyse, Planung, Umsetzung, 9. überarb. u. aktualisierte Aufl., Stuttgart 1999.

Kübler, Hans-Dieter/Elling, Elmar (Hrsg.), Wissensgesellschaft. Neue Medien und ihre Konsequenzen, Bonn 2004.

Meffert, Heribert, Marketing: Grundlagen Marktorientierter Unternehmensführung: Konzepte – Instrumente – Praxisbeispiele, 8. vollst. neu bearb. u. erw. Aufl., Wiesbaden 1998.

Meffert, Heribert, Bruhn, Manfred, Dienstleistungsmarketing. Grundlagen-Konzepte – Methoden, 6. vollst. neu bearb. Aufl., Wiesbaden 2009.

Mickel, Wolfgang (Hrsg.), Handbuch zur politischen Bildung, Bonn 1999.

Müller-Böling, Detlef, Die entfesselte Hochschule, Bertelsmann Stiftung: Gütersloh 2000.

Müller-Böling, Detlef, Identität und Strategie, in: Stifterverband für die deutsche Wissenschaft (Hrsg.): Alumni Netzwerke. Strategien der Absolventenarbeit an Hochschulen, Essen 2001, S. 10-13.

Müller-Böling, Detlef, TÜV für die Universität, in: Die Zeit vom 28.08.2003, Nr. 36, S. 35.

Müller-Böling, Detlef, Arbeitspapier Nr. 31: Für eine nachfrageorientierte Steuerung des Studienangebotes an Hochschulen – Vorschläge zur Ablösung der Kapazitätsverordnung. Gütersloh: CHE, 2001.

Neuvians, Klaus, Mehr Eigenverantwortung, weniger Staat . Die Herausforderung an die Hochschuladministration, Vortrag im Rahmen der Hochschulübergreifenden Fortbildung 1995, CHE Arbeitspapier Nr. 11, Köln 1995.

Oversohl, Martin, „Missmanagement" und tiefrote Zahlen, Badische Neuesten Nachrichten (BNN) vom 23.7. 2009.

Quadbeck-Seeger, Hans-Jürgen, Faszination Innovation, Weinheim, New York, Chichester, Brisbane, Singapore, Toronto 1998.

Reinhardt, Volker, Partizipation in der Schule, Villingen-Schwenningen, Lehren und Lernen, Juli 2009.

Salmon, Robert, Humanes Management als Schlüssel zum Erfolg, Niedernhausen/Ts. 1999.

Schwalbach, Joachim, Image, Reputation und Unternehmenswert, Studie des Instituts für Management der wirtschaftswissenschaftlichen Fakultät an der Humboldt-Universität zu Berlin, Berlin 2000 Quelle: www.wiwi.hu-berlin.de/im/publikdl/2000-2.pdf [10.10.2009, 13:30 Uhr].

Schwalbach, Joachim, Unternehmensreputation als Erfolgsfaktor, Berlin 2001 Quelle: www.wiwi.hu-berlin.de/im/publikdl/2001-4.pdf, www.wiwi.hu-berlin.de/im/publikdl/2001-4.pdf [10.10.2009, 14:30 Uhr].

Sperlich, Andrea, Was heißt und zu welchem Ende gründet man eine private Hochschule? Gründungsmotive und Erfolgsdefinitionen privater Hochschulen in Deutschland. In: die hochschule 2/2006; ids.hof.uni-halle.de/documents/t1644.pdf [1.10.2009, 9:45 Uhr].

Spiel, Christiane 2006, Grundkompetenzen für lebenslanges Lernen – Eine Herausforderung für Schule und Hochschule? In: Fatke, Reinhard; Merkens, Hans (Hrsg.), Bildung über die Lebenszeit, Wiesbaden 2006.

Statistisches Bundesamt, Hochschulstandort Deutschland 2003. Wiesbaden 2003.

Statistisches Bundesamt, Hochschulstandort Deutschland 2007, Begleitmaterial zur Pressekonferenz am 12. Dezember 2007 in Berlin Wiesbaden 2007, S. 5+6.

Statistisches Landesamt Baden-Württemberg (Hrsg.), Entwicklung der Schülerzahlen in Baden-Württemberg von 1980 bis 2015, www.statistik.baden-wuerttemberg.de/Veroeffentl/ .../803408001.pdf [10.10.2009, 12:30 Uhr].

Stehr, Nico, Eine Welt aus Wissen. In: Fatke, Reinhard; Merkens, Hans (Hrsg.), Bildung über die Lebenszeit, Wiesbaden 2006.

Stifterverband für die deutsche Wissenschaft (Hrsg.), Alumni-Netzwerke: Strategien der Absolventenarbeit an Hochschulen, Essen 2000.

Tilch, Horst, Arloth, Frank (Hrsg.), Deutsches Rechts-Lexikon, 3. Auflage, München 2001.

Topf, Cornelia, Öffentlichkeitsarbeit im Rahmen des Hochschulmarketing- Interne und externe Informations- und Kommunikationsbeziehungen der Hochschulen, Europäische Hochschulschriften, Frankfurt/Main, Berlin, Bern u.a. 1986.

Topor, Robert, Marketing Higher Education – A Practical Guide, CASE, Washington D.C. 1992.

Trogele, Ulrich, Strategisches Marketing für deutsche Universitäten: die Anwendung von Marketing-Konzepten amerikanischer Hochschulen in deutschen Universitäten, Europäische Hochschulschriften, Frankfurt/Main, Berlin, Bern u.a. 1995.

Tutt, Lars, Marketing-Kommunikation für Hochschulen, Diskussionsbeitrag des Fachbereichs Wirtschaftswissenschaft der Gerhard-Mercator-Universität- Gesamthochschule Duisburg, Duisburg 1997.

Tutt, Lars, Der Studienentscheidungsprozess: Informationsquellen, Informationswünsche und Auswahlkriterien bei der Hochschule, Diskussionsbeitrag des Fachbereichs Wirtschaftswissenschaft der Gerhard-Mercator-Universität- Gesamthochschule Duisburg, Duisburg 1997a.

Unicum Verlag, Unicum Beruf Heft 4/2009.

Wangen-Goss, Margaret, Marketing für Universitäten: Möglichkeiten und Grenzen der Übertragbarkeit des Marketing-Gedankens auf den universitären Bereich, Spardorf 1983.

Wangen-Goss, Margaret, Strategisches Konzept. Marketing für Universitäten, in: Wirtschaftswoche Nr. 6 vom 3.2.1984, S. 94-95.

Wissenschaftliches Zentrum für Hochschulforschung Universität Gesamthochschule Kassel WZ 1 (Hrsg.), Spiegel-Rangliste 1999 und ihre Auswirkungen auf Studienbewerberzahlen, in: WZ 1-Update Nr. 8, November 1999, S. 2.

Wissenschaftliches Zentrum für Hochschulforschung Universität Gesamthochschule Kassel WZ 1 (Hrsg.), Wer orientiert sich an Rankings?, in, WZ 1-Update Nr.9, Mai 2000, S. 3.

Wissenschaftsrat (Hrsg.), Empfehlungen zur Hochschulentwicklung durch Teilzeitstudium, Multimedia und wissenschaftliche Weiterbildung, Köln 1998.

Witte, Johanna; Schreiterer, Ulrich; Hüning, Lars; Otto, Erik; Müller-Böling, Detlef, Positionspapier I zu Bachelor- und Master Studiengängen, Argumente für eine rasche und konsequente Umstellung auf Bachelor- und Masterstudiengänge an deutschen Hochschulen. Gütersloh, CHE, 2003.

Witte, Johanna; Schreiterer, Ulrich; Hüning, Lars; Otto, Erik; Müller-Böling, Detlef, Positionspapier II zu Bachelor- und Master Studiengängen, Die Umstellung auf Bachelor- und Masterstudiengänge als Herausforderung für die deutschen Hochschulen, Handlungsfelder und Aufgaben. Gütersloh, CHE, 2003a.

Internetquellen:

http://de.wikipedia.org/wiki/Partizipation [01.10.09, 13.30 Uhr].

www.qualitas-lehre.de, [08.10.09, 9.30Uhr].

http://www.ifb.unisg.ch/org/Ifb/ifbweb.nsf/wwwPubInhalteGer/St.Galler+Management-Modell?opendocument [09.10.09, 10.45 Uhr].

Anmerkung:

Die Zitierweise im Text erfolgt mit einem Kurztitel.

8. Anhang

1. Anzahl der Hochschulen nach Trägerschaft

Winter-semester	Insgesamt	Davon mit der Trägerschaft					
		Bund	Land	Kommune	Privat	Kirchlich	Sonstige
1992	318	11	248	2	18	37	2
1993	317	13	246	2	20	34	2
1994	329	14	251	2	24	36	2
1995	330	12	253	1	24	38	2
1996	337	11	261	1	26	36	2
1997	340	11	261	1	28	37	2
1998	348	9	265	1	34	37	2
1999	346	8	263	2	35	36	2
2000	354	8	261	2	43	38	2
2001	358	8	259	2	49	38	2
2002	362	8	259	2	51	40	2
2003	368	8	257	2	59	40	2
2004	374	8	258	2	63	41	2
2005	379	8	257	2	70	41	1
2006	386	8	256	2	76	42	2
2007	396	8	256	2	86	42	2

Statistisches Bundesamt VI B: Anzahl der Hochschulen nach Trägerschaft – Hochschulstatistik 6.10.09 [1]

2. Studierendenzahlen an privaten Hochschulen

1992/1993	1993/1994	1994/1995	1995/1996	1996/1997	1997/1998	1998/1999	1999/2000
11563	13109	14938	15948	16718	17789	20151	21120

---

[1] Ich danke Frau Urlichs vom Statistischen Bundesamt Wiesbaden, von der Abteilung Bildung, Forschung und Entwicklung, Kultur, Rechtspflege für die Zurverfügungstellung der Daten via Mail vom 06.10.2009.

2000/ 2001	2001/ 2002	2002/ 2003	2003/ 2004	2004/ 2005	2005/ 2006	2006/ 2007	2007/ 2008
24574	29379	33287	39052	45069	54000	61757	71130

Tabelle Studierendenzahlen an privaten Hochschulen kumulierte Gesamtzahlen. Bei Bedarf Studierendenzahlen aller deutschlandweiten privaten Hochschulen einzeln einsehbar.[2]

3. Schulanfängerquoten

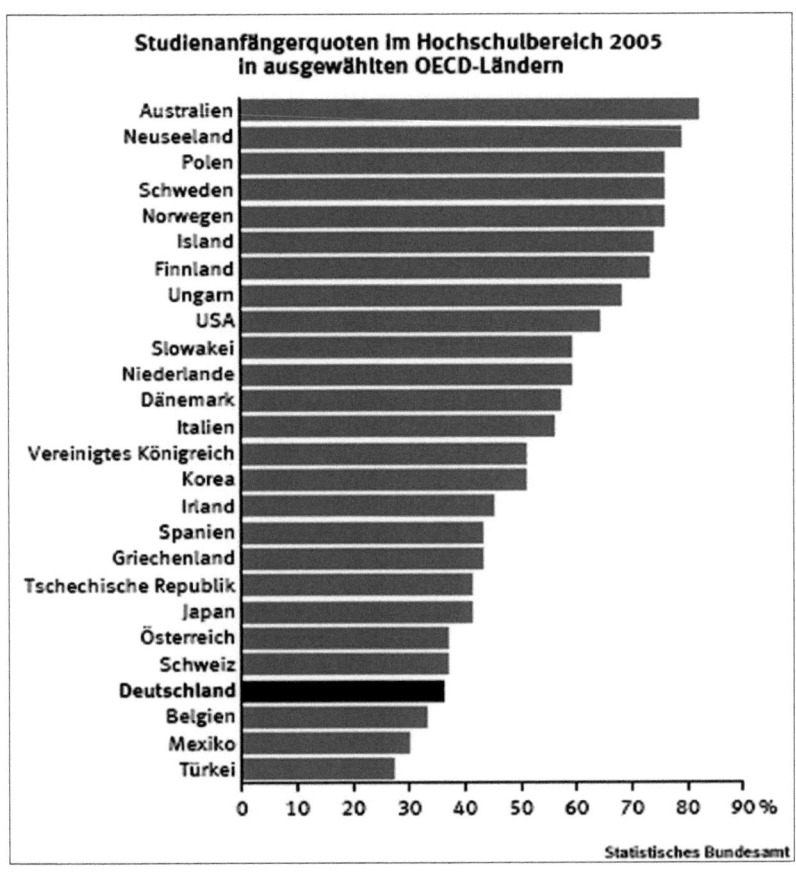

Vergleich von Studienanfängerquoten, aus: Statistisches Bundesamt, Hochschulstandort Deutschland 2007. Wiesbaden 2007, S. 5.

---

2   Siehe Anhang 1.

4. Wertewandel

Zeiträume	50er bis 70er Jahre	70er bis 90er Jahre	Gegenwart
Orien-tierungs-muster	Außen-orientierung	Innen-orientierung	Innen- und Außenorientierung
Werte	Gehorsam & Pflicht, Anpassung & Verzicht [materielle Werte]	Emanzipation, Autonomie und Genuss [postmaterielle Werte]	Werte-Weltanschauungsmix [Wertecocktail]
Maximen der Selbst-entwicklung	Selbst-Kontrolle	Selbst-Verwirklichung	Selbst-Management
Identitäts-Arbeit	Kontrolle, Verzicht, Einschränkung	Verwirklichung, Expression,	Patchworking, Vermittlung von Authentizität & Anerkennung-Stimmigkeit der inszenierten Selbstorganisation
Identitäts-Form	Identität als Gehäuse	Identität als Selbstbehauptung	Identität als (Selbstschöpfungs-) Prozess

5. Studienfachwechsler

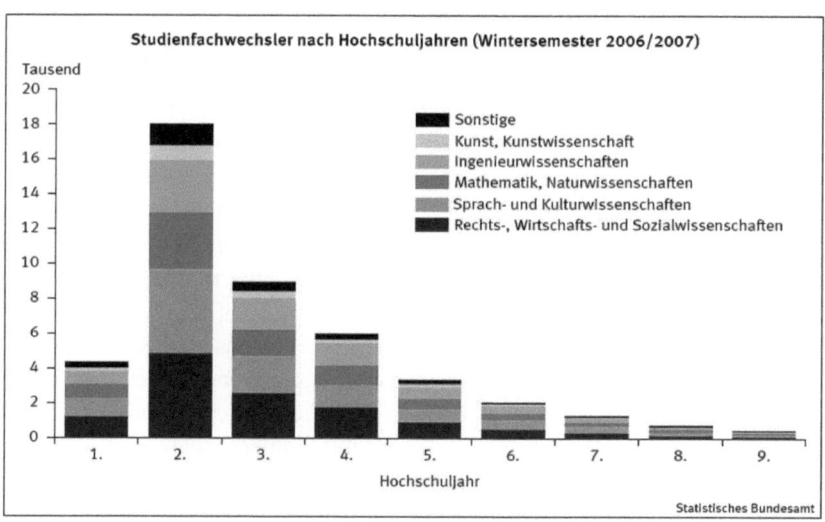

Studienfachwechsler nach Hochschuljahren, aus: Statistisches Bundesamt, Hochschulstandort Deutschland 2007. Wiesbaden 2007, S. 21.

6. Interview with Prof. Dr. Michael Thaut, Co-Director of School of Art, Colorado State University, Fort Collins, USA, 19.09.2009

A: Prof. Dr. Thaut

D: Leonard Wehr (Fragen)

A: …nach sechs Jahren kann sicherlich sich innerhalb eines Semesters in Amerika gut zurecht finden in Englisch und mit Schulenglisch als Grundsprache. Die deutsche Sprache ist nicht so verbreitet im internationalen Unterricht und das ist ein bisschen komplizierter dadurch und das schließt schon mal ne ganze Gruppe von Bewerbern aus. Die zweite Frage ist d.h. man müsste darauf ne Antwort finden, man müsste sagen, kann man auch Flexibilität z.B. in den Masters- und in den Doktorandenstudiengängen (erzielen), es gibt da Flexibilität im Hinblick der Frage zum Teil in den Naturwissenschaften, hier gibt es eine solche Möglichkeit zum … wo , was weiß ich in Neurobiologie der ausländische Student seine Doktorarbeit in/auf englisch schreiben kann, auch in Dortmund, also diese Flexibilität, vor allem in den Graduiertenstudiengängen

A: … als Evaluationen, die wirklich die Qualität der Lehre beurteilen sollen, und nicht die Einstellung des Studenten zum Professoren, da muss man wissen, das sieht man manch mal wenn man so.

D: ahmmm

A: Evaluationen, die ist, da gibt's da gibt so es dann so kleine Kästchen, gibt so Kommentar Einstellung das manchmal die Studenten so da soll man den Dozenten beurteilen, wie ‚den mag ich nicht', das muss man ein bisschen aussortieren, ehhm, aber die Rolle der Evaluation ist sehr wichtig, das der Studenten und das Feedback eehm, die Frage, ist es einen … wenn die Universität einen Lehrer verpflichtet um in einem Business- Studiengang Englisch beizubringen und dieser Lehrer unterrichtet das verkehrt, das ist eigentlich für mich, wäre das immer , da hab ich als Chef, als Rektor nen Fehler gemacht. Wenn die Studenten dann ankommen und sagen, der kann das überhaupt nicht unterrichten was `n des eigentlich soll, dann ist das eigentlich ein bisschen peinlich für mich, ehm, denn ich hätte das besser strukturieren müssen oder ich hätte das auch schon mal sehn müssen, als ich diesen Menschen da eingestellt habe: Können Sie Businessenglisch unterrichten? Haben Sie Referenzen, dass Sie das schon mal gut gemacht haben? eehm, also als Korrektur für solche Fehlentwicklungen, die man manchmal auch von oben her nicht sehn kann, denke ist das auch schon wichtig, dass man mit den Studenten ne offene Kommunikation hat. Können Studenten systematisch institutionell sozusagen Studieninhalte mitbestimmen? Da wär ich ein bisschen vorsichtig, weil selbst der Professor eigentlich nicht den Studieninhalt bestimmen soll, sondern das Fach selber die Disziplin, den Professor bestimmen und den Studentenstimmen, also ich seh das eher ein bisschen abstrakt, dass jedes Team hat diese Herausforderung ehh, und den muss bekannt sein und diesen muss man sich unterwerfen, aber ich denke dass man da, vielleicht ist es am besten, wenn man erstmal offene Türen hat, also ohne dass man erst abschränkt welche demokratischen, institutionellen Wege das geht, sagen wir das als Professor und auch gerade sagen wir mal als Dean oder Rektor offene Türen hat, das heißt, die Studenten können kommen, da kriegt man eigentlich schon sehr viel mit, und man soll wahrscheinlich das Gespräch sagen wir mal mit den Foren und Studentenversammlungen usw. suchen und sich unterhalten. Es ist vielleicht noch interessanter wenn die, wenn man die Alumni, also wenn man die Abgänger systematisch einbindet und sagt, wie ist euer Studium im Verhältnis zur, ...da kriegt man eigentlich die besten Hinweise wie man drehn muss an der Ausbildung, denn das sind ja dann Leute, die wirklich den Wert, den man versucht hat da rein zu vermitteln, dann testen und ich denke, dass in der Sache glaub ich eine ganze Menge der ganzen Hochschulen das machen, die Alumni befragen.

D: das wird für mich auch ein wichtiger Punkt, grade diese Netwerk Politik und auch die Alumni mit einzubinden. Denken Sie, dass es hier auch möglich ist, für die Studierenden bezüglich der politischen Zielvorgabe einer Hochschule - die Alumni auf der einen Seite die Studierenden die man schon hat auf der anderen Seite, in die politische Zielvorgabe der Hochschule mit einzubinden, sprich sogar bei einer Leitbildentwicklung vielleicht sogar?

A.: ja,. auf jeden Fall, eeh die Alumni sind eines der besten Markenvehikel, das eine Universität entwickeln kann. Denn wenn die ein positives Image auf ihren Arbeitplätzen verbreiten mit einer gewissen Offenheit und Stolz eeh, kurz ich habe hier und hier studiert, und dann hoffentlich auch die Qualitäten dieses Alumnis da am Arbeitsplatz, dann auch offensichtlich ist, eehh, es gibt keine bessere Werbung als Abgänger, die erfolgreich sind, und die davon mit Freude sprechen und das auch ihrer Universität (zurückmelden) und gerade für kleine Universitäten; die Privathochschulen, die auch, sagen wir mal, von der Studentenakquise ganz konkret leben kann .Ist das Geld nicht da, ist das ein ganz wichtiges Cocktail dieser Kette von Qualitätssicherung, ehm, wenn man, die muss man pflegen, man muss die Leute einladen , man muss die einbinden in Veranstaltungen, Alumni-Treffen, ihnen das Gefühl geben, dass sie in einen Rahmen von Qualität und Exzellenz nach wie vor mit eingebunden sind, man lädt sie ein, zu einer schönen Reception mit einem Vortrag oder Konzert. Und damit die irgendwie stolz sind und das Gefühl haben, dass ist da die Uni, die hat mir nicht nur Qualität in der Lehrer gegeben und im Unterricht und in der Ausbildung, sondern die auch insgesamt einfach ein gewisses Prestige und Qualität und das ist in Deutschland noch ein bisschen unterentwickelt, dieser Gedanke, und eh., ich versuche das der Sache sehr nahe zu legen und halt so im Prinzip die Ohren sehr offen dafür und dass man das entwickelt, ehm. Die andere Sache ist natürlich, dass man dadurch ein Sponsorenpotential entwickelt, weil eh, man einen Kreislauf entwickeln kann, wo man, wo der Student sa(g)cht ich hatte eine sehr gute Ausbildung, das liegt zum Teil an meinen Studiengebühren, die ich bezahle, unter anderem an den Drittmitteln, die die Uni einbringt, es liegt aber auch daran dass die Uni jedes Jahr 5 Millionen von Alumni bekommt, die direkt in die Forschung und Lehre und die Qualität, Ausrüstung des Gebäudes, der Unterrichtsräume, der IT Technologie usw. reinfließt und das sind Leute, die sind mal hier gewesen, die sind gar nicht mehr da und die, von denen profitiere ich als derzeitiger Student. So, jetzt mach ich meinen Abschluss und ich krieg einen Job, was weiss ich, mit der Züricher Versicherung in Frankfurt und jetzt ist die Frage, die Uni tritt an dich heran und fragt: würden Sie jetzt auch Mitglied dieser Kette werden, Sie haben profitiert, von denen, die vor ihnen da waren, jetzt sind Sie da und verdienen Geld, können Sie das weitergeben an uns für die nächste Generation d.h. der Student aee bleibt mit der Uni über Generationen bleibt immer verbunden und das ist in Amerika zu einer Kunst entwickelt worden, das Leute sterben mit dem T-shirt mit, wo ihre Uni drauf ist. Das ist unterentwickelt hier und ich denke, da könnte man als Privatuniversität sehr viel machen und relativ schnell machen, besser als die staatlichen Universitäten , die nicht, eh... die Philosophie ist nicht da, und auch das Eigeninteresse ist gar nicht so da während an einer Privathochschule, die einen Sponsorenkreis hat, sich dann auch finanziell besser darstellt, einfach ein besseres Angebot dann machen kann, also die Gesamteinbindung der Studenten und auch dann später, wenn sie nicht mehr Studenten sind als Alumni. Das muss eigentlich so ein anschließendes Kontinuum werden und dann die Eltern, die schicken dann ihre Kinder dahin, wo sie zur Schule und zur Uni gegangen sind usw. und so fort das ist ein Zyklus virtuosus.

D: von mir aus würd ich mich jetzt bedanken, dass Sie sich die Zeit genommen haben, Sie haben mir wirklich einiges zum Nachdenken gegeben, muss ich dazu sagen und ja, hab jetzt einiges, das ich verwenden kann und einiges, was sich durchaus mit meinen eigenen Ideen deckt, da hab ich ja noch mal Glück gehabt, und ja, vielen Dank noch mal

A: bitteschön, und wenn Sie noch Nachfragen haben, können Sie mich erreichen ist kein Problem.

D: ja, spontan fällt mir jetzt nichts mehr ein.

A: wenn in einer Woche oder zwei...

7. Interview mit Herrn Krüger, Leiter der Abteilung für Hochschulkommunikation und Marketing der PH Ludwigsburg vom 20.09.2009

K: Herr Krüger

D: Leonard Wehr (Fragen)

D: ich würd mit einer Allgemeinfrage an: wie sehen Sie denn die Auswirkung von privaten Hochschulen bisher? Wie nehmen Sie denn eine Privathochschule war, gerade Sie als Marketingleiter bei 'ner PH? Inwieweit kommen Sie damit überhaupt in Berührung?

K: Wenig, wenn ich damit in Berührung komme, dann nehm ich sie wahr in der Außendarstellung natürlich sehr viel professioneller als wir, die haben es, bei denen ist es schlicht auch notwendiger, die müssen sich über ihre, (die) Studiengebühren komplett finanzieren in der Regel, und tun dort in diesen Bereichen erheblich mehr. Das weiss ich beispielsweise von der Hochschule in Lahr, momentan haben wir ganz gute Kontakte, weil der Dozent für Marketing dort und wie auch hin und hier wieder Lehraufträge macht, so und ansonsten hab ich relativ wenig Einblick, ein weiterer Kollege von mir arbeitet in Friedrichshafen, dort an der Hochschule, macht ne ähnliche Arbeit wie ich und ja, ist dort besser ausgestattet wie ich, so das krieg ich mit. Es ist auch selbstverständlich, man muss einfach viel mehr tun in diesem Bereich, an den privaten Hochschulen, so ... klar

D: ehm, also, gerade weil Sie die Finanzierung angesprochen haben, bei ner PH ist ja die Finanzierung rein staatlich, ist es trotzdem möglich, auch Drittmittel reinzubekommen oder?

K: für Forschungsprojekte oder ähnliches sicherlich, klar, oder wenn es jetzt größere Wettbewerbe gibt, ehm, man könnte sich beteiligen an dem Preis, am Kommunikations, so was, so wäre es durchaus möglich auch weitere Mittel einzuwerben, aber das ist, also für den Bereich der Hochschulkommunikation meines Erachtens relativ gering, weil es ja keine Forschung ist in dem Sinne sondern im Grunde ne Leistung die für die Organisation erbracht wird.

D: und jetzt, vor diesem Hintergrund der Finanzierung, inwieweit ist da Marketing bisher von Relevanz für eine PH?

K: also, in finanzieller Hinsicht sehr wenig, weil eine Pädagogische Hochschule vermutlich noch einmal weniger als wie bei einer ganz normale Volluniversität, weil an einer Pädagogischen Hochschule zu 70, 75% ausschließlich Lehramtsstudierende studieren, ehm, alles außer gymnasialem Lehramt, und wir dafür sogar eine Monopolstellung haben , mit in all den anderen PHen, es gibt ja davon nur 6, in ganz Baden-Württemberg, also Grundschullehramt, Hauptschullehramt, Sonderschullehramt, da gibt es sogar nur noch 2 Anlaufstellen, wenn man das studieren möchte, kommt man an der Pädagogischen Hochschule ja schon mal gar nicht vorbei. So, also, eigentlich ist es unserer Finanzierung direkter Weise nicht ausschlaggebend, in indirekter Weise schon, denn wenn die Studierendenzahlen je fallen würden, dann würde das natürlich umgerechnet, dann gäbe es weniger Stellen, dann gäbe es weniger, ja, gibt's schlicht weniger Stellen, es wird dann natürlich noch umgerechnet, es gibt einen Verteilungsschlüssel, wv Studierende auf jeden Lehrenden kommen sollen, und so wie wir den erfüllen oder nicht, gibt es weniger Stellen, aber es ist sehr indirekt.

D: hhmhm

K: und insofern ist der Ruf wichtig, also es ist mehr so die Transparenz, das deutlich ist, was wir hier machen, dass wir Kommunikationsstrukturen innerhalb der Organisation ehm besser machen , das wir Informationsstrukturen besser machen, dass wir beispielsweise Erstsemester deutlich erklären, wo müsst ihr wohin, wo kriegt ihr noch Informationen und so Sachen, dass wir mit Flyern auf uns aufmerksam machen, und deutlich machen, was kann man hier an dieser PH eigentlich studieren. Geht mehr um Imagegewinn, nicht so ganz direkt um Geld.

D: weil grade diese Reputation ist ein wichtiger Faktor ist ja nen sehr wichtiger Faktor, wohl auch für ne PH, und wenn ich jetzt Ihnen zuhör, denke ich dass es hier auch schon vielleicht ne Entwicklung abzeichnen kann. Weil das Marketing bisher vernachlässigt worden ist, auch vielleicht vom Budget her, vielleicht dass Sie mir da noch was erzählen können und vielleicht sich jetzt doch zeigen wird, langfristig, um eben auch Gelder entsprechend zu kriegen dass eine Reputationssteigerung nötig ist, um eben auch den Studenten verkaufen zu können okay sie sind an ner Hochschule, da kannst du Lehrer werden, ehm, und was du alles brauchst und was du alles mitbringen musst auf der einen Seite, und auf der anderen Seite was dir auch geboten wird. Ob sich da nicht ne Entwicklung abzeichnen wird doch dass Marketing stärker oder ob Kommunikation allgemein stärker betrieben werden muss.

K: ehm, ich meine ja. Das Marketing muss stärker betrieben werden und wird in Zukunft auch stärker betrieben werden, (Ob) es ist da noch allgemeiner Fassung Kommunikation wird, muss und stärker betrieben werden, ja, allerdings glaub ich nicht aus den Gründen, die Sie andeuten, nicht so sehr um den einzelnen Studenten noch mehr davon zu überzeugen , dass man hier an der PH studieren muss weil wie gesagt, wir, ich geh mal davon aus, zunächst mal ist es der Berufswunsch da und der Studienwunsch und dann schaut man sich an, in welcher Organisation kann man das tun und da gibt's eben nun mal nicht viele. Also das is ne relativ komfortable Lage, ehm, und gegenüber Wirtschaft beispielsweise was sehr viele anderen Hochschulen machen so etwa versuchen so ne Kooperation mit Wirtschaft hin zu bekommen ist eh, an ner Hochschule im pädagogischen Bereich , da tät ich es nicht sonderlich interessant, weil wir machen keine riesentechnischen Innovationen oder sonst was, das man da in der Wirtschaft sehr viel arbeitet, es gibt solche Kooperationen, klar, aber ich glaube, im Vergleich zu anderen Hochschulen ist auch das relativ wenig , ehm, was wir grundsätzlicher deutlicher machen müssen, ist, warum gibt es überhaupt Pädagogische Hochschulen, gibt es nur noch in Baden-Württemberg, das ist auch was, was man auch gegenüber den Ministerien denk ich, immer wieder deutlich machen muss, gegenüber der Öffentlichkeit deutlich machen muss, gegenüber anderen Hochschulen, gegenüber anderen Universitäten, dass es Sinn macht, nen Lehramtsstudium net nur fachorientiert zu gestalten, sondern auch auf die Fachdidaktik eben zu achten, und da möglicherweise Kooperationen einzugehn mit anderen Universitäten und Hochschulen, das machen wir zum Teil, das ist für uns, das klingt jetzt ein bisschen banal, aber das ist für uns in der Tat, kann das bestandserhaltend wirken, weil das wiederum Lehr-exporte sind, wie wir z.B. an die Uni Stuttgart liefern, die dann aber auch für uns deputatswirksam sind, das heißt also auch damit begründen wir unsere Arbeit, haben wir Arbeit und erhalten diese Hochschule, allerdings ist dies nur zu einem sehr kleinen Anteil, die meiste Lehre findet natürlich hier statt, nach wie vor, also es sind wirklich nur ein paar Semesterstunden.

D: ehm, wie ist es denn bei der Studierendenrekrutierung bisher, also, weil die Freiheiten dürften da ja sehr beschränkt sein, bei der Auswahl, könnte ne Auswahl auch ‚das, die Qualität des Studiums vielleicht sogar verbessern?

K: die Qualität des Studiums bestimmt, eh, also einmal vorab, wir haben im Moment hier drei oder viermal mehr Bewerber als wir Plätze haben. Also wir können gut auswählen. Wobei man dazu sagen muss, das der Trend der Studierenden ansteigend ist, die sich an mehreren Hochschulen gleichzeitig bewerben, so, das führt dazu, dass man oftmals eben sehr viele zulässt und dann allerdings Absagen bekommt, von Leuten, die sich eben dann doch anders entschieden haben, das macht die Sache ein bisschen schwierig, zum zweiten, müssen wir sagen, wir haben ein Auswahlverfahren, klar und das ist nicht nur an die Abiturnote gekoppelt, es gibt auch so Sozialpunkte, die man anbringen kann, indem man beispielsweise seinen Zivildienst gemacht hat oder ein freiwilliges soziales Jahr, lang in einem Verein tätig war usw, das sind alles Leistungen, also so weiche Faktoren, die bestimmt, glaube, ich dadurch, dass, also wenn jemand aufgrund solcher weicher Faktoren in der Zukunft hier studieren zu dürfen, Abi war vielleicht nicht so gut, ehm dann ist möglicherweise seine Studienleistung dadurch vielleicht auch nicht so berühmt, wir wären bestimmt bessere von den Leistungen her bessere Studenten wenn wir schließlich nur auf die Abiturnote achten würden. Ab ob wir bessere Lehrer hätten, das glaube ich nicht, das ist der Punkt, also wir brauchen Menschen, die in der Schule zurecht kommen und da ist am Ende dann auch nicht nur die Note von ihrem Studienabschluss ausschlaggebend.

D: find ich nen sehr wichtigen Punkt, also Sie denken, dass gerade die weichen Faktoren in Anführungszeichen, ich hab es hier als Schlüsselqualifikationen für mich bezeichnet, Teamfähigkeit, Kreativität, Konfliktfähigkeit Selbständigkeit und Selbstwirksamkeit eigentlich eine sehr viel höhere Relevanz vielleicht sogar hat als die Note, die dann letztlich dabei herauskommt und wirkt dies auch in ausreichendem Masse berücksichtigt in diesem Studium hier an der PH oder denken sie, es müsste man diese stärker einbringen?

K: also fürs Auswahlverfahren kann ich mein ich schon, dass es dann ausreichend berücksichtigt wird, wie es wirkt dann später im Studium selbst ist, kann ich nicht beurteilen, weil ich da nicht so sehr viel selbst Prüfungen abnehme dass ich das so und so wirklich sagen könnt, wie man da soziale Kriterien eine Rolle spielt, da steht dann vermutlich schon stärker das Fachwissen dann mal im Vordergrund nehm ich mal an.

D: o.k., dann hätt ich ne Frage grade zur Einbindung von den Studenten, die Sie hier haben, ehm, werden denn überhaupt die Studierenden ausreichend in den Studienalltag, also gerade auch jetzt auf der einen Seite soziale kulturelle, gesellige Angebote usw. in der PH eingebunden, auf der einen Seite, auf der anderen Seite vielleicht sogar in die Lehrentwicklung, also bedeutet das, sie können vielleicht sogar Einfluss nehmen in die Entwicklung die hier ne die Lehre nimmt und wenn sie so sagen, ja also mir hat dieses Fach dann später überhaupt nichts gebracht und des müsst ihr verändern , kann überhaupt darauf Rücksicht genommen werden oder wird überhaupt danach gefragt?

K: danach gefragt wird, wir machen eine sehr regelmäßige Lehrevaluation, ehm, über einzelne Lehrveranstaltungen hinweg, aber eben auch dann auch , das kann man dann kumulieren zu ganzen Studiengängen , gefragt wird, Einfluss nehmen kann man begrenzt weil die Studiengänge auch wieder nur für's Lehramt für alle Pädagogischen Hochschulen gemeinsam die Studienordnungen für alle Pädagogischen Hochschulen festgelegt und in sehr engen Absprachen mit den Ministerien festgelegt werden, etwas anders, deswegen reden manche nur von den Lehramtsstudiengängen, obwohl die hier das meiste ausmachen ,völlig anders sieht die Situation für unsere Bachelor- und Masterstudiengänge aus, die wir hier auch haben, ja, da sieht das etwas anders aus, sowohl in der Reevaluation, die sind da freier, die können da sehr viel stärker darauf eingehe, als im übrigen auch in ihrer Außenarbeit und in ihrem Marketing, die kämpfen tatsächlich um jeden Kopf, die wollen richtig Leute haben. Die sind da um einiges aktiver mit Flyern, Informationsveranstaltungen, mit Werbeplakaten mit Anzeigen und sonstigem und tun auch mehr dafür.

D: das bedeutet natürlich auch Gesamtwerbung für die PH, was vielleicht dafür auch nicht so schlecht ist.

K: ist gar nicht schlecht. Es ist eine Gesamtwerbung, es kommt immer da drauf an , wie die sich darstellen, manche haben so ein bisschen die Tendenz sich eher als, ehm etwas klein zu schreiben, das sie zur PH gehören und das Gefühl haben, das passt nicht zu ihrem Image.

D: o.k., ehm, weil Sie das angesprochen haben, dass die Studieninhalte und auch die Strukturen doch sehr stark vorgegeben sind bei ner PH, denken Sie dass mehr Freiheit in der Ausübung in jeglicher Hinsicht vielleicht auch vielleicht bei der Struktur, die man ihm geben kann positiv wäre für die PH. und sie auch entsprechend anpassen zu können, vielleicht?

K: hhhmm, für die Lehramtsstudiengänge ist das eine schwierige Frage, weil für die Lehramtsstudiengänge da muss, denk ich schon , eine gewisse Normierung, ne gewisse Standardisierung muss da sein, also da muss am Ende dann auch die Übergabe in die zweite Phase der Lehramtsausbildung, muss dann auch klappen, die gehen dann in das sogenannte Referendariat , ehm und wenn sie fragen, mehr Freiheit würde das bedeuten auch mehr Individualisierung und würde sich in mehrere Profile ausarbeiten – ist für hier schwer zu beantworten ob das denn günstiger oder ungünstiger wäre und für die anderen Studiengänge sind wir relativ frei, also da denke ich ist das ganz gut gelöst , da sind zunächst mal die Institute selbst die die Studien- und Prüfungsordnungen erarbeiten und dann von Ministerien natürlich gegengelesen werden und dann natürlich akkreditiert werden müssen . und das ist dann meiner Meinung nach so wie ein Qualitäts- TÜV, ich glaub das ist so ein ganz gutes Verfahren so...

D: zum Thema noch mal Evaluation. also in jüngster Zeit gab es durchaus Veränderungen im allgemeinen in der Qualität der Lehre, dadurch dass in Berlin ist 'n Pilotprojekt gestartet worden, das die Dozenten an einer staatlichen Hochschule die Möglichkeit haben Lehrkurse zu besuchen, um eigentlich ihre Lehrfähigkeit zu verbessern, denken Sie das so was auch für eine PH sinnvoll wäre?

K: das is(t) es sehr wohl, (das) ist auch geplant, es gibt ein hochschuldidaktisches Zentrum ist geplant, und eh, noch nicht um gesetzt aber im Strukturentwicklungsplan schon vorgesehen und wird auch sicherlich kommen, eh, und Kolleginnen und

Kollegen, deren Evaluationsergebnisse also dann vielleicht mehrfach deutlich unter dem Durchschnitt liegen würde man dann möglicherweise nahelegen, da doch noch einmal in Kontakt zu treten zu dem Hochschulzentrum.

D: also kann man sagen, dass sich doch durchaus ein richtiges Qualitätsmanagement herausbildet.

K: mhm.

D: indem sich die Lehrer und alle sonstigen Dinge wie auch eh, Sekretariate usw auch unterordnen dann quasi auch unterordnen muss

K: da stehn wir davor. Wir sind auch im Grunde bei dem Thema Leitbild, weil wir zunächst das Leitbild erst entwickeln werden, da sind wir grade drin, und wenn das dann steht dann haben wir auch unsere Qualitätskriterien alle klar und wissen auch in welche Richtung wir unsere Qualität entwickeln werden das wird dann ab – Frühjahr nächsten Jahres vermutlich eh, wird dann die Arbeit an tatsachlich an den Qualitätsstandards, an der Qualitätsentwicklung und dann an Qualitätsmanagement dann aufgenommen werden.

D: darf man fragen wie dieses Leitbild für Sie aussehen muss und was, vor allem wer daran arbeiten darf, also ist es wirklich nur ne Sache die von oben nach unten durchgegeben wird oder ist es auch die Möglichkeit vielleicht, die Studenten vielleicht sogar in so ne Leitbildentwicklung mit einzubinden?

K: ja, das ist sogar sehr stark gegeben, die Studenten können sehr, sehr stark mitarbeiten, wir machen es uns auch nicht ganz leicht, also ein Leitbild zu verordnen wäre vermutlich einfacher, ein Text von zwei Seiten zu schreiben auf den es im Ende rausläuft, haben wir in de Sitzung gemacht man hätte vermutlich die Organisation damit nicht weitergebracht. Also, dieser Leitbildprozess ist geplant seit inzwischen über einem Jahr, wir treffen uns regelmäßig in einer Steuerungsgruppe, das ist noch ein relativ exklusiver Zirkle, der übrigens nach Proporz zusammengesetzt ist, der auch Studierendenvertreter drin hat und so dort haben wir zunächst einmal geplant war, was heißt für uns Leitbild, was soll ungefähr nach unserer Vorstellung drin stehen, wie wollen wir den Prozess gestalten, dann haben wir uns extra ne externe Moderation dafür gesucht, das war im Dezember letzten Jahres und seit Juni diesen Jahres beginnt der eigentliche, hat der eigentliche Leitbildprozess begonnen. Mit einer Auftaktveranstaltung, an dem 150 Leute teilgenommen haben, ganz viele Studenten auch hier und zunächst einmal auf Tischdecken notiert wurde, was könnten eventuell so Ideen sein für's Leitbild, was könnte, was müsst' das meiner Meinung nach sein. Diese Ergebnisse wurden dann wurden in ein Onlineforum gestellt, zwei Wochen lang und von der ganzen Hochschule diskutiert und hätte von allen diskutiert werden können, tatsächlich mitgemacht haben 260 Leute, so etwa in dieser Größenordnung auch da ca. 80 % Studierende, da sind wir gerade derzeit dabei die Ergebnisse dort zu sammeln, zu sortieren, thematisch zusammenzufassen, das haben wir gerade gemacht, es sind ca. 39 verschiedene Kategorien, wo mehr so sehn, zu welchen Themen äußern sich denn die Leute so, und jetzt wird am 5. Nov. der nächste ganz große Schritt passieren, wir werden ein Großgruppenveranstaltung hier durchführen nach der Methode „Open Space" an der sich zwischen 1000 und 2000 Menschen teilnehmen werden so hoffen wir zumindest, an dem Tag wird der Lehrbetrieb ruhen, das heißt es wird nichts weiter stattfinden, als dass sich alle Mitarbeiterinnen und Mitarbeiter, alle Dozenten, alle aus der Verwaltung, alle Studierenden, vom Standort Reutlingen und Standort Ludwigsburg gemeinsam zusammensetzen und überlegen, was soll in dieses Leitbild. Sehr viele unterschiedliche Kerngruppen, das , dann gibt's n zweite Online Phase, dann gibt's, eh, dann erste Formulierungsvorschläge, die dann auch noch mal diskutiert werden, am Ende muss das alles durch die Gremien, es gibt am Schluss noch mal ne Zukunftskonferenz , dann wird's dann hoffentlich verabschiedet werden, dieses Leitbild, das wird im Februar nächsten Jahres sein. Es ist ein sehr aufwändiger Prozess, mit sehr, sehr starker studentischer Beteiligung, alles ist auch auf der Homepage, da können Sie es noch mal nachlesen wenn es Sie interessiert, da hab ich einige.

D: gerne. Würde vielleicht auch bedeuten, dass eine vertiefte Einbindung der Studierenden eben derartige Prozesse unterstützen würden und vielleicht auch, welche Möglichkeiten gäbe es überhaupt, die Studenten strukturellen und vielleicht auch automatisierungsmäßig in diese komplexen Zusammenhänge einzubinden, sei es Qualitätsmanagement, sei es eben so eine Leitbildentwicklung?

K: ich denke, man kann das Projekt bezogen machen, so wie jetzt diese Leitbildentwicklung

D: ja?

K: also projektbezogen meine ich, so klaren Anfang , klares Ende, so etwa anderthalb Jahre, und bemüht sich dann eben durch die Wahl der Mittel, durch die Werbung die man macht, auch möglichst viele Studenten dann anzusprechen, das tun wir, und das tut dem Prozess auch sehr gut , glaube ich, zum anderen, gibt's natürlich jede Menge strukturelle Möglichkeiten, Studierendenvertreter sind es dann einfach, die an der Gremienarbeit sich beteiligen und ich denke, auch das macht diese Pädagogische Hochschule hier schon in einer ganz besonderen Weise, also, wir haben fast überall eine sehr starke studentische Vertretung., selbstverständlich im Senat, aber wir haben beispielsweise auch im Hochschulrat, also dem höchsten Aufsichtsgremium, haben wir, da gibt es per Gesetz externe und interne Mitglieder, aber es ist so geregelt, dass sie auch ein studentisches Mitglied haben, beinhalten müssen, wir machen das, es ist immer ein studentischer Vertreter im Hochschulrat, im allerhöchsten Gremium, das letztens sogar den Rektor wählt, ist ein studentisches Mitglied, das ist sicherlich nicht an sehr vielen Hochschulen. Wir haben den Vergabeausschuss zur Vergabe der Studiengebühren, mit sehr sehr studentischer Beteiligung und wir bemühen uns eigentlich an jeder Stelle wo es nur irgendwo geht, studentische Vertreter mit dazu zu nehmen und das wird auch angenommen es ist ist nicht nur, wir bemühen uns nicht nur, sondern das findet auch tatsächlich statt und ist sehr bereichernd. Gleichwohl ist es auch um Information zu bekommen, um auf das Leitbild zu kommen auch eine Schwierigkeit, denn so'n Leitbild soll mal eben zehn Jahre gelten. Für viele Studierende war's so, warum soll ich mich denn jetzt mal an so nem Leitbildprozess beteiligen, wenn dieser zu Tragen kommt, bin ich ja schon gar nicht mehr, und immer so die Frage, is n Leitbild nicht eher eben was für die die dort arbeiten und verbunden mit der Frage, bin ich eigentlich Kunde der Hochschule, dann sollen die sich mal ihr Leitbild machen und ich profitier dann davon, oder bin ich Teil der Hochschule, das ist ja schon eine spannende Frage, die man auch im Rahmen des Leitbilds auch wieder erklären kann. Was sind Studenten eigentlich für die Hochschule

D: genau ,das wär natürlich auch für mich auch die Frage gewesen, wie Sie das schaffen, die Studenten zu motivieren, sich direkt dazu zu motivieren, direkt an der Hochschule zu beteiligen und auch zu sehen, das ist meine Hochschule ich möchte daran teilhaben und ich möchte sie vielleicht auch noch verbessern.

K: ehm, durch Werbemaßnahmen mit denen wir deutlich machen, hier passiert was, indem wir's versuchen schmackhaft zu machen also jetzt für dieses Projekt, in dem wir diese Trommlergruppe auf den Campus hatten, die für das Leitbild getrommelt haben, deutlich gemacht haben, hier, da gibt es diese Auftaktveranstaltung, so indem sie in den Unterricht gegangen sind, in die Seminare gegangen sind und dort deutlich gemacht haben, Leute hier findet was statt, indem wir 2000 Postkarten verteilt haben auf dem Campus, solche, wo z.B. die Fragen, die Leitfragen für das Leitbild hinten drauf standen, der ganze Fahrplan draufsteht, wo man sich beteiligen kann, wir haben' s einfach immer und immer wieder erzählt. Und dennoch ist es so, dass es ne ganz große Masse an Studierenden gibt, die noch immer nichts davon wissen, ja, gibt's übrigens auf der Homepage nen kleinen Film dazu, da haben wir da so'n Filmteam da haben wir dann so gegenübergestellt, wie die Organisatoren des Leitbildprozesses unter anderem ich und der Rektor eben, wie zufrieden die sind mit der Akzeptanz oder mit der Verbreitung des Leitbildgedankens hier an der Hochschule und was Studenten dann dazu denken, es war ne große Diskrepanz, also es gibt immer noch sehr viele die nix davon wissen, was ich mir nicht recht erklären kann aber es ist einfach so, weil für nen Riesentanker, und bis das sozusagen alle mal verstanden haben oder gehört haben, dass wir so was machen das dauert sehr lange.

D: (?) und so, denk ich mir, gibt's denn überhaupt Intranet und ähnliche Kommunikationsformen, um wirklich jeden Studenten auch ansprechen zu können?

K Intranet in dem Sinne gibt es nicht, also nicht so, dass es für Studierende mit einbeziehen würde, wir haben ne mailing Liste, die alle Studierende umfasst, wir haben diese moodle-Plattform die auch eine ähnliche Form hat, also ähnliche Funktionen erfüllt, finde ich wie ein Intranet, auch dort haben wir beispielsweise diese Online Diskussion zum Leitbild, haben wir über so nen moodle-Kurs geführt. Ja. Also wir haben schon Mittel und Wege, zur Werbung, die klassische – die Plakate und sonst was, eh, geht schon, es ist ne überschaubare Hochschule noch, also man sieht die Menschen ja wirklich häufig,. aber, offensichtlich, is es schwer vermittelbar, was so ein Leitbild sein soll, nicht ganz leicht.

D: das kann ich mir gut vorstellen. Denn es ist schon ne Vision die aufgeschrieben wird, die nicht unbedingt für jeden so greifbar ist.

K: ja, vor allem wo man nicht so recht versteht, warum man so was denn entwickeln soll, was bringt des, was hat es mit mir zu tun.

D: ehm für mich jetzt en ganz anderer Punkt wäre, wie relevant die Forschung an ner PH und inwieweit das Relevanz hat für die Lehre.

K: ja, es ist halt eine wissenschaftliche Hochschule, volles Promotions- und Habilitationsrecht und insofern ist die Forschung außerordentlich wichtig. Sie ist vor allem auch deswegen sehr wichtig, weil sie eh im Vergleich zu den Universitäten weniger gefördert wird, vielleicht auch weniger gefordert wird also man hat so das Gefühl es ist so ne Lehrhochschule, aber dass es auch ne Forschungshochschule ist, sein will und dann tatsächlich auch ist, das wird in der Öffentlichkeit zu wenig wahrgenommen. Insofern muss man da sehr viel stärker deutlich machen und sehr viel stärker nach außen tragen. Halt ich für sehr wichtig, weil wir uns dadurch auch abgrenzen von Fachhochschulen beispielsweise, oder von einer Berufsakademie, sie heißen inzwischen alle Hochschulen und so der normale Mensch auf der Straße kennt jetzt den Unterschied zwischen einer Hochschule und einer Fachhochschule und einer Pädagogischen Hochschule nicht, der Unterschied zwischen einer Hochschule und einer Universität gleicht aber doch, gerade was die Forschung, die Promotion und die Habilitationsrecht eher einer Universität als einer Fachhochschule, die dürfen nämlich keine Doktortitel und auch keine Habilitation, können niemand habilitieren, können niemand promovieren. Aber das ist nicht deutlich in der Öffentlichkeit, und das müssen wir sehr viel deutlicher machen.

D: weil Sie das grad angesprochen haben, auf der einen Seite ist jetzt für mich die Sache Aufklärung, auf der anderen Seite gibt's mittlerweile eine Bewegung das auch teilweise private Hochschulen teilweise Habilitationsrecht erteilt bekommen.

K: tatsächlich

D: So hab ich jetzt von ner Rektorin erfahren, ehm, finden Sie so etwas positiv, oder würden Sie sagen, so: es sollte schon möglichst, sagen wir mal, in staatlicher Hand bleiben, etwas derartiges...

K: könnte ich jetzt so schwer beurteilen. Also ich hätte da grundsätzlich nichts dagegen, warum sollen es nicht auch private können. Es müssten eben denk ich, die Qualitätskriterien klar sein. Also man, das wird denn, nehm ich nun mal an so weiter laufen, man wird, sag ich's mal so flapsig, nicht Hinz und Kunz es erlauben, zu promovieren und zu habilitieren, aber da geh ich davon aus, dass das nicht der Fall sein wird. Ansonsten glaube ich nicht dass staatliche Hochschulen, nur weil sie staatlich sind, grundsätzlich besser können, als private.

D: ehm, dann die Aufklärung, weil Sie natürlich gesagt haben, dass es für Außenstehende, als auch für Studenten relativ schwierig ist, oder angehende Studenten wirklich zu unterscheiden was des Studium bedeutet und was es eigentlich bedeutet an den verschiedenen Bereich bedeutet, ob es eben ne Fachhochschule ist ob es ne Universität oder eben auch ne PH, was genau würde es für sie bedeuten. Gut an einer PH wissen sie, o.k. ich wird mal Lehrer, aber inwieweit was wirklich ein Studium bedeutet, was es von ihm auch vielleicht verlangt dass sie das wirklich einsehen können und da ist natürlich ein Arbeitsamt nicht mehr Ansprechpartner, für viele, viele angehende Studenten, wie sehen Sie denn da eine Entwicklung, wie man so was vielleicht auch verbessern könnte von Seiten der PH, odereiner Universität.

K: ja, das ist eine gute Frage. Also für die Lehramtsstudierende wieder mal, ist das sehr schwierig, weil ich den Eindruck habe, dass sehr viele Studierende nicht mit dem Gefühl oder mit dem Anspruch geht, ich studiere, viele sagen auch, ich mache eine Ausbildung , ich mache Lehrerausbildung. Und fordern dann einen Praxisbezug, fordern dass man noch mehr an Schulen geht, wobei sich die Pädagogischen Hochschulen gerade dadurch auszeichnen, dass man sehr, sehr viel mehr Praxisanteile hat als wie das gymnasiale Lehramtsstudium beispielsweise. Eh, da gibt es, oder es führt zu ein bisschen ein Unverständnis, was man denn bitte mit Theorie soll, es kommt schnell die Frage, was kann ich damit anfangen, was bringt mir das, da merk ich so, da ist der Wille zur Praxis erklär mir mal das Rezept dann mach ich dann das schon so, warum das alles so ist will ich gar nicht so ganz genau wissen, das ist jetzt sehr überzogen und böse, aber so ein bisschen das Gefühl hab ich. Da arbeiten aber sehr viele Dozenten und hier auch dran , das immer wieder zu erläutern, wir sind eine wissenschaftliche Hochschule und so ein bisschen Theorie und so ein bisschen Wissenschaft muss man sich eben dann auch antun, auch wenn man vielleicht erst mal nur dieses Bild an Bild in der Klasse und nicht die Menschen können mir was beibringen auch als Form hat, eh, so, das Bild haben die, aber deswegen müssen die trotzdem herkommen weil nirgendwo anders können sie das studieren, anders ist es dann wieder um bei den Bachelor- und bei den Masterstudiengängen, da gibt es in der Tat, so, Überlegungen, gerade die Erwachsenenbildner so ihre Bachelor und Masterstudiengänge haben, die, eh wissen sicherlich auch nicht ganz so genau, was denn anders gewesen wäre, Erwachsenenbildung kann man beispielsweise auch an der Universität überall studieren, die wissen, glaub ich, auch nicht so genau. Was da der Unterschied wäre, ob sie es denn an der Uni oder ob sie es hier machen, ob es einen gibt oder nicht. Die haben hier so das Gefühl, dass es hier vielleicht schlechter ist, insofern hoffe ich, dass sie hier das Gefühl haben, es gibt keinen Unterschied zwischen Universität und Pädagogischen Hochschule in diesem Bereich.

D. was denken Sie, dass die PH vom Ruf her Schwierigkeiten hat bei den Neuzugängen, also das halt heißt, ja, o.k., die bilden quasi in Anführungszeichen, um es wirklich böswillig auszudrücken, bessere Kindergärtner aus.

K: ja, das, da treffen Sie schon einen, den Punkt ein bisschen. Ich sag mal, ehm, mit dem Image müssen wir kämpfen an mehreren Fronten. Zum Einen, aufgrund der Studierenden die wir haben, denen man, ich hoff ich tu denn jetzt nicht alle über einen Kamm scheren, jetzt ist es natürlich schwieriger, aber da kann man schon sagen, es gibt eine Tendenz, naja, also eher sehr praxisorientiert zu sehen, die Sache eher als eine Ausbildung zu verstehen als ein Studium. Und mit dem Bild gehen die auch noch raus, und so stellen sie sich auch gegenüber anderen Studierenden dar, so werden sie von anderen wahrgenommen und da kommt leider auch mal dazu das sind ja auch??? Die Idee?? Die wollen ja auch nicht wirklich studieren, die suchen sich möglichst was Einfaches, wo sie schnell verbeamtet werden und eigentlich haben sie nur die Familie im Kopf, die sie später gründen wollen. So, ein ganz böses Klischee, aber das hört man von anderen Studierenden, von anderen Hochschulen, wenn sie über Pädagogikstudierende hier reden, ja, also hier an der PH geht halt nur das, das ist repräsentativ, keine Ahnung aber ich hör es immer wieder was andere so??

D: kann ich nur bestätigen, dass man das häufig hört.

K: so, das ist das eine, damit könnte man ja vielleicht noch leben, vielleicht, aber noch schlimmer ist es eigentlich, dass es auf politischer Ebene dann solche Dinge gibt, die, das beispielsweise ein solcher Studiengang, wie z.B. Frühkindliche Bildung und Erziehung, er richtet sich in der Tat an Erzieherinnen, die vor allem im Kindergarten arbeiten, eingerichtet wird, das ist mal sehr vorteilhaft an der Pädagogischen Hochschule auch absolviert wird, dann allerdings wird drum gekämpft, dass man das auch möglicherweise auch ohne allgemeine Hochschulreife studieren kann, also mit ner Fachhochschulreife, oder möglichst langen Berufsausbildung und so, das geht jetzt, ist vielleicht für diesen Studiengang auch in Ordnung aber da schwächen wir unseren Standard, plötzlich gibt es hier Leute, die mit Fachabi oder gar ohne Abi studieren, und damit rutschen wir mehr und mehr in Richtung Fachhochschule als in Richtung Universität und dann später nach der Ausbildung ist die Frage, was werden die denn, die diese Frühkindliche Bildung und Erziehung studiert haben? Werden die genau so bezahlt wie die Erzieherinnen, oder werden die bezahlt wie die Lehrerinnen und was bedeutet das wiederum für die Ausbildungsstätte wo sie herkommen, also mit welchem Renommee können wir sie eigentlich ausstatten und da ist eben auch die Frage, werden hinterher bessere Kindergärten erzielt.

D: Und da Sie das jetzt angesprochen haben, wieder, es würde vielleicht auch bedeuten, dass es auch nicht schlecht wär', nach außen hin gewisse Qualitätskommunikation zu haben, also d.h. über Ranking, über Akkreditierungsergebnisse oder was derartiges

K: ja.

D:. und wenn Sie so was bekommen, heißt

K: ja

D: um auch zu sagen, o.k. wir bilden wirklich gut aus, wir bilden Lehrer aus, die wirklich auch was von ihrem Fach dann verstehn, bedeutet dass auch andere Bundesländer. … Es wären noch zwei Fragen, von daher, ehm wie gesagt diese Sache mit der Außenkommunikation, also grade was Rankings angehn würde, was?? Die PHs nicht wirklich, vielleicht auch grade in Konkurrenz sogar mit anderen Hochschulen, Fachhochschulen, so dass man ein Gesamtranking macht und vielleicht drauf eingeht, wie schwierig es ist wie man jetzt nen Lehrer in dieser Art beurteilen kann, ob ein Lehrer qualifiziert ist, ja, ob Sie so was willkommen heißen würden? Oder falls Sie so ner Akkreditierung oder ähnlichen Dingen zustimmen würden.

K: so'n Ranking würde ich für gut erachten Da hat sich diese Hochschule bislang verweigert, weil man der Meinung war, da würden Birnen mit Äpfeln verglichen und wenn man die PH mit Universitäten vergleicht, kann die PH nur schlecht abschneiden weil z.B. auch Forschungsaktivitäten verglichen werden und die Universitäten erheblich stärker gefördert werden, die erheblich mehr Mitarbeiter für haben und erheblich mehr Gelder für haben und deshalb besser forschen können als wir und es wäre ein wenig absehbar und es wär auch ein wenig unfair diese so in Vergleich zu setzen. Inzwischen ist es aber so, dass diese Rankings auch Fachhochschulen und sogar Berufsakademien aufnehmen, insofern meine ich, zieht das Argument nicht mehr, also ich meine schon dass diese Rankings sein sollten, einfach auch aus…

8. Fragebogen zum partizipatorischen Hochschulmanagement [3]

Fragebogen zum partizipatorischen Hochschulmanagement

Bitte füllen Sie das Formular möglichst vollständig aus.

Ihre Addresse :
Anrede: Herr   Frau
Vorname:
Familienname:
Strasse:
PLZ:
Ort:
Telefon:
E-mail:
Beruf:

Im Rahmen meiner Bachelorarbeit möchte ich eine Expertenumfrage starten, um Fragen der Differenzen zwischen Staatlichen und Privaten Hochschule herauszuarbeiten, sowie die Möglichkeiten und Chancen studentischer Partizipation und Mitarbeit auszuloten.

In diesem Sinne möchte ich Sie als Hochschulexperten/-in bitten, mir hierbei durch die Beantwortung der folgenden Fragen zu helfen. Danke!

Mit freundlichen Grüßen

Leonard Wehr

Fragen:

Wie sehen Sie die Außenwirkung von Privaten Hochschulen bisher?

Ist es eine positive Wahrnehmung?

Denken Sie, dass die Studieninhalte ausreichend mit den Bedürfnissen der Wirtschaft abgestimmt werden?

Denken Sie, die Studierenden werden ausreichend in den Studienalltag (soziale, kulturelle, gesellige Campus-Angebote) eingebunden?

Denken Sie, die Studierenden werden bezüglich der Lehrentwicklung, d.h.Veränderung, Anpassung von Studieninhalten eingebunden?

Denken Sie, die Studierenden werden bezüglich der politischen Zielvorgaben der Hochschule integriert und können die Entwicklung so mitgestalten und mittragen?

Sind Privathochschulen eher „Eliteschmieden" oder Auffangbecken derer, die es nicht an den staatlichen Hochschulen schaffen? Oder schaffen sie speziell nachgefragte Angebote?

Wo sehen Sie die Vorteile und die Nachteile einer Privaten Hochschule gegenüber einer Staatlichen Hochschule?

---

[3] Expertenumfrage in Begrenztem Maßstab. Angeschrieben wurden insgesamt 16 Experten aus dem Umfeld oder mit direktem Arbeitsbezug zu den privaten oder staatlichen Hochschulen.

Teil 2:

Bedeuten die Freiheiten der Studierendenrekrutierung einen Vorteil oder einen Nachteil gegenüber den Staatlichen Hochschulen?

Begründung:

Bedeuten die Studienkosten an Privaten Hochschulen eine soziale Auswahl?

In jüngster Zeit gab es Veränderungen in der Qualität der Lehre, so werden Lehr-Kurse für Hochschullehrer an Staatlichen Hochschulen angeboten. Wie sehen Sie hieraus die Konkurrenzsituation zwischen Staatlichen und Privaten Hochschulen sich verändern?

Was sollte man an Privaten Hochschulen fördern, um weiterhin erfolgreich zu arbeiten?

Härtere Auswahl bei Studierenden

Mehr qualifizierte Dozenten

Bessere Netzwerk-Politik

Welche Bedeutung messen Sie der Persönlichkeitsentwicklung der Studierenden bei?

Welche Bedeutung haben Ihrer Meinung nach die Schlüsselqualifikationen: Teamfähigkeit, Kreativität, Konfliktfähigkeit, Selbstständigkeit und Selbstwirksamkeit für die gesamte Handlungsfähigkeit der Studierenden?

Werden die Schlüsselqualifikationen angemessen im Studium berücksichtigt?

Würden Sie eine vertiefte Einbindung der Studierenden unterstützen?

Wie könnten Sie sich eine Einbindung der Studierenden in der Hochschule vorstellen?

Welche drei Kompetenzen würden Sie für die Wichtigsten halten, um „handlungsfähig" in unserer Gesellschaft/Wirtschaft agieren zu können?

Für wie relevant halten Sie die Forschung an Privaten Hochschulen, um den Studierenden eine optimale Ausbildung zukommen zu lassen?

Vielen Dank, dass Sie sich die Zeit genommen haben, diesen Fragebogen auszufüllen.
Ihr Leonard Wehr

Interaktiver Fragebogen – selbst erstellt.

9. Ergebnisse der Umfrage [4]:

Legende:

Aussage aus dem Umfeld der privaten Hochschulen: P

Aussage aus dem Umfeld der staatlichen Hochschulen: S

WIE SEHEN SIE DIE AUßENWIRKUNG VON PRIVATEN HOCHSCHULEN BISHER?

Auswahlmöglichkeiten: „Stark, Ausreichend, Schwach."

P: 2 x Stark, 1 x Schwach

S: 1 x Stark, 1 x Ausreichend

IST ES EINE POSITIVE WAHRNEHMUNG? AUSWAHLMÖGLICHKEITEN:

Auswahlmöglichkeiten: „Ja, Nein, Neutral."

P: 3 x Ja

S: 2 x Ja

DENKEN SIE, DASS DIE STUDIENINHALTE AUSREICHEND MIT DEN BEDÜRFNISSEN DER WIRTSCHAFT ABGESTIMMT WERDEN?

Auswahlmöglichkeiten: „Ja, sehr, Ausreichend, Wenig, Nein."

P: 3 x Ja, sehr

S: 2 x Ausreichend

DENKEN SIE, DIE STUDIERENDEN WERDEN AUSREICHEND IN DEN STUDIENALLTAG (SOZIALE, KULTURELLE, GESELLIGE CAMPUS-ANGEBOTE) EINGEBUNDEN?

Auswahlmöglichkeiten: „Ja, sehr, Ausreichend, Wenig, Nein."

P: 1 x Ja, sehr, 2 x Ausreichend

S: 1 x Ja, sehr, 1 x Ausreichend

DENKEN SIE, DIE STUDIERENDEN WERDEN BEZÜGLICH DER LEHRENTWICKLUNG, D.H. VERÄNDERUNG, ANPASSUNG VON STUDIENINHALTEN EINGEBUNDEN?

Auswahlmöglichkeiten: „Ja, sehr, Ausreichend, Wenig, Nein."

P: 3 x Ausreichend

S: 2 x Ausreichend

DENKEN SIE, DIE STUDIERENDEN WERDEN BEZÜGLICH DER POLITISCHEN ZIELVORGABEN DER HOCHSCHULE INTEGRIERT UND KÖNNEN DIE ENTWICKLUNG SO MITGESTALTEN UND MITTRAGEN?

---

4 Rücklaufquote der Fragebögen beträgt: 31.25%.Eine Einteilung der Ergebnisse in private und staatliche Hochschulen ist nicht Aussagekräftig wurde aber trotzdem vorgenommen.

Auswahlmöglichkeiten: „Ja, sehr, Ausreichend, Wenig, Nein."

P: 1 x Ja, sehr,   2 x Ausreichend

S: 2 x Wenig

BEDEUTEN DIE FREIHEITEN DER STUDIERENDENREKRUTIERUNG EINEN VORTEIL ODER EINEN NACHTEIL GEGENÜBER DEN STAATLICHEN HOCHSCHULEN?

Auswahlmöglichkeiten: „Ja ein großer Vorteil, bietet einen gewissen Vorsprung, keins von beidem, bietet einen geringen Nachteil, nein es bedeutet einen größeren Aufwand und Nachteil."

P: 3 x Große Vorteile

S: 2 x Große Vorteile

BEDEUTEN DIE STUDIENKOSTEN AN PRIVATEN HOCHSCHULEN EINE SOZIALE AUSWAHL?

Auswahlmöglichkeiten: „Ja, sehr, ein wenig, nein."

P: 2 x Nein,   1 x Ein wenig

S: 1 x Ein wenig, 1 x Ja, sehr

WAS SOLLTE MAN AN PRIVATEN HOCHSCHULEN FÖRDERN, UM WEITERHIN ERFOLGREICH ZU ARBEITEN?

Härtere Auswahl bei Studierenden   S: 1 x

Mehr qualifizierte Dozenten   S: 1 x

Bessere Netzwerk-Politik   P: 3 x

WELCHE BEDEUTUNG MESSEN SIE DER PERSÖNLICHKEITSENTWICKLUNG DER STUDIERENDEN BEI?

Auswahlmöglichkeiten: „Große, Geringfügige, Keine."

P: 3 x Große

S: 2 x Große

WELCHE BEDEUTUNG HABEN IHRER MEINUNG NACH DIE SCHLÜSSELQUALIFIKATIONEN: TEAMFÄHIGKEIT, KREATIVITÄT, KONFLIKTFÄHIGKEIT, SELBSTSTÄNDIGKEIT UND SELBSTWIRKSAMKEIT FÜR DIE GESAMTE HANDLUNGSFÄHIGKEIT DER STUDIERENDEN?

Auswahlmöglichkeiten: „Große, Geringfügige, Keine."

P: 3 x Große

S: 2 x Große

WERDEN DIE SCHLÜSSELQUALIFIKATIONEN ANGEMESSEN IM STUDIUM BERÜCKSICHTIGT?

Auswahlmöglichkeiten: „Ja, Ausreichend, Kaum, Nein."

P: 2 x Ja, 1 x Ausreichend

S: 1 x Ausreichend, 1 x Kaum

WÜRDEN SIE EINE VERTIEFTE EINBINDUNG DER STUDIERENDEN UNTERSTÜTZEN?
Auswahlmöglichkeiten: „Ja, Nein."

P: 3 x Ja

S: 1 x Ja, 1 x Egal

WELCHE DREI KOMPETENZEN WÜRDEN SIE FÜR DIE WICHTIGSTEN HALTEN, UM „HANDLUNGSFÄHIG" IN UNSERER GESELLSCHAFT/WIRTSCHAFT AGIEREN ZU KÖNNEN?

Genannt wurden:

„Emotionale Intelligenz, Leistungsfähigkeit, Eigeninitiative" – „teamfähig, kreativ, selbständig" – „Flexibilität, Verantwortungsbewusstsein, Teamfähigkeit" – „Fachwissen, Integrität, soziale Kompetenz" – „Selbstständigkeit, Flexibilität, Teamfähigkeit".

FÜR WIE RELEVANT HALTEN SIE DIE FORSCHUNG AN PRIVATEN HOCHSCHULEN, UM DEN STUDIERENDEN EINE OPTIMALE AUSBILDUNG ZUKOMMEN ZU LASSEN?
Auswahlmöglichkeiten: „Sehr relevant, Geringe Relevanz, Keine Relevanz."

P: 3 x Sehr relevant

S: 2 x Geringe Relevanz

10. Interviews: Alle Antworten auf die offenen Fragen der interaktiven Umfrage mit Personenzuordnung:

Interview mit Prof. Dr. Peter Leibfried [5] (Universität St. Gallen)

WO SEHEN SIE DIE VORTEILE UND DIE NACHTEILE EINER PRIVATEN HOCHSCHULE GEGENÜBER EINER STAATLICHEN HOCHSCHULE?

Private Hochschulen haben einen größeren Gestaltungsfreiraum, da sie keinen politischen Interessen ausgeliefert sind. Meist können sie diese Spielräume sehr gut nutzen, da sie sich leichter wie ein Unternehmen führen lassen. In öffentlichen Hochschulen ist die Position der Selbstverwaltung sehr stark. Ihr Nachteil ist, dass sie viel stärker als staatliche Schulen um Mittel kämpfen müssen. Wer unter dem Druck steht, Gewinne zu erwirtschaften, kann kaum eine den öffentlichen Schulen vergleichbare Ausstattung bieten. Da hilft es nur, wenn eine sehr finanzkräftige Institution dahinter steht.

---

5 Nähere Informationen zur Person unter: http://www.aca.unisg.ch/org/aca/acaweb.nsf/ www PubPersonGer/7436876A2A1FCEC9C1257094004F958F [04.11.09, 14.00 Uhr].

SIND PRIVATHOCHSCHULEN EHER „ELITESCHMIEDEN" ODER AUFFANGBECKEN DERER, DIE ES NICHT AN DEN STAATLICHEN HOCHSCHULEN SCHAFFEN? ODER SCHAFFEN SIE SPEZIELL NACHGEFRAGTE ANGEBOTE?

Es kommt auf die Hochschule an – es gibt sicherlich beides, Eliteschmiede wie auch Sammelbecken. Dies wird über die Zeit der Markt regeln: ein paar private Hochschulen entwickeln ein sehr positives Image (ivy league), wer von dort kommt, gilt als Elite. Die übrigen „kennt keiner", dort wird dann vermutet, es seien Sammelbecken. Diese Trennung gilt übrigens in etwas schwächerer Form auch bei den öffentlichen Hochschulen.

BEDEUTEN DIE FREIHEITEN DER STUDIERENDENREKRUTIERUNG EINEN VORTEIL ODER EINEN NACHTEIL GEGENÜBER DEN STAATLICHEN HOCHSCHULEN?

Begründung: Das Niveau hat immer etwas mit der Zugangsbegrenzung zu tun.

IN JÜNGSTER ZEIT GAB ES VERÄNDERUNGEN IN DER QUALITÄT DER LEHRE, SO WERDEN LEHR-KURSE FÜR HOCHSCHULLEHRER AN STAATLICHEN HOCHSCHULEN ANGEBOTEN. WIE SEHEN SIE HIERAUS DIE KONKURRENZSITUATION ZWISCHEN STAATLICHEN UND PRIVATEN HOCHSCHULEN SICH VERÄNDERN?

Wenig. Die Dozierenden an privaten Hochschulen sind nicht generell besser, als an staatlichen Schulen. Man kann also nicht sagen, dass die staatlichen Schulen „aufholen" würden. An privaten Hochschulen sind viele Dozierende nur im Nebenberuf tätig, das belastet Lehre und Forschung. An einer staatlichen Schule arbeiten viele Vollzeit-Dozierende, sie sind viel stärker auf eine gute Evaluation ihrer Leistung angewiesen, und widmen ihr meist viel Zeit.

WIE KÖNNTEN SIE SICH EINE EINBINDUNG DER STUDIERENDEN IN DER HOCHSCHULE VORSTELLEN?

Es kommt darauf an. Studierende sind Lernende, das heißt sie haben im Vergleich zu den Dozierenden Nachholbedarf. Angesichts dessen kann man es nicht den Studierenden überlassen, sich ihre Wunsch-Hochschule "selbst zu backen". Meinungsäußerung ja, aber die Führung muss klar bei den berufserfahrenen Wissenschaftlern und Lehrern liegen. Wer sich als Studierender an einer Hochschule nicht wohlfühlt, kann wechseln – der Markt regelt das Problem also von alleine.

Interview mit Prof. Dr. Prof. Dr. Alexander Fischer[6] (Hochschule Calw):

WO SEHEN SIE DIE VORTEILE UND DIE NACHTEILE EINER PRIVATEN HOCHSCHULE GEGENÜBER EINER STAATLICHEN HOCHSCHULE?

---

6 Nähere Informationen zur Person siehe: http://www.hochschule-calw.de/cps/rde/xbcr/srh/de/fh-calw/media_b13/04_Prof._Dr._Alexander_Fischer_Lebenslauf.pdf [04.11.09, 14.00 Uhr].

Vorteile: Häufig individuelle Betreuung – gutes Verhältnis Studierende/Leh-rende – gute Ausstattung – spezielle nachgefragte Angebote – weniger bürokratisch – flexibler Nachteile: meist deutlich höhere Studiengebühren.

SIND PRIVATHOCHSCHULEN EHER „ELITESCHMIEDEN" ODER AUFFANGBECKEN DERER, DIE ES NICHT AN DEN STAATLICHEN HOCHSCHULEN SCHAFFEN? ODER SCHAFFEN SIE SPEZIELL NACHGEFRAGTE ANGEBOTE?

Dies lässt sich nicht allgemein darstellen. So wird es Privathochschule geben, die tatsächlich sog- Eliteschmieden sind wie auch Auffangbecken. Überwiegend werden sie m.E. jedoch spezielle nachgefragte Angebote schaffen.

BEDEUTEN DIE FREIHEITEN DER STUDIERENDENREKRUTIERUNG EINEN VORTEIL ODER EINEN NACHTEIL GEGENÜBER DEN STAATLICHEN HOCHSCHULEN?

Begründung: So kann die Hochschule die individuelle Zusammensetzung der jeweiligen Semester besser steuern.

IN JÜNGSTER ZEIT GAB ES VERÄNDERUNGEN IN DER QUALITÄT DER LEHRE, SO WERDEN LEHR-KURSE FÜR HOCHSCHULLEHRER AN STAATLICHEN HOCHSCHULEN ANGEBOTEN. WIE SEHEN SIE HIERAUS DIE KONKURRENZSITUATION ZWISCHEN STAATLICHEN UND PRIVATEN HOCHSCHULEN SICH VERÄNDERN?

Dies könnte zu Veränderungen führen, sollten die privaten Hochschulen hierauf nicht entsprechend reagieren, was jedoch häufig getan wird.

WIE KÖNNTEN SIE SICH EINE EINBINDUNG DER STUDIERENDEN IN DER HOCHSCHULE VORSTELLEN?

Mitarbeit in Gremien zur Verbesserung der Lehrqualität, Ausstattung, stetiger Austausch mit Studierenden.

Prof. Dr. Julia Sander[7] (Fern-Hochschule Riedlingen):

WO SEHEN SIE DIE VORTEILE UND DIE NACHTEILE EINER PRIVATEN HOCHSCHULE GEGENÜBER EINER STAATLICHEN HOCHSCHULE?

Privathochschulen können besser auf ihre Studierenden eingehen und sich nach deren Bedürfnissen richten auch was das Studienangebot und die Lehre anbelangt. Nachteilig ist, dass staatliche Hochschulen im Hinblick auf den Zugang zu öffentlich geförderten Forschungsprogrammen benachteiligt werden.

---

7 Näheres zur Person unter: http://www.srh.de/de/fh-riedlingen/173.html [04.11.09, 14.15Uhr].

Sind Privathochschulen eher „Eliteschmieden" oder Auffangbecken derer, die es nicht an den staatlichen Hochschulen schaffen? Oder schaffen sie speziell nachgefragte Angebote?

Privathochschulen sind ganz und gar nicht Auffangbecken derer, die es nicht an staatl. Hochschulen schaffen. Privathochschulen schaffen vielmehr speziell nachgefragte Angebote und richten sich sehr viel klarer an den Bedürfnissen der Wirtschaft und der Studierenden aus.

Bedeuten die Freiheiten der Studierendenrekrutierung einen Vorteil oder einen Nachteil gegenüber den staatlichen Hochschulen?

Begründung: Die individuellen Förderung von Studierenden wird so besser ermöglicht.

In jüngster Zeit gab es Veränderungen in der Qualität der Lehre, so werden Lehr-Kurse für Hochschullehrer an staatlichen Hochschulen angeboten. Wie sehen Sie hieraus die Konkurrenzsituation zwischen staatlichen und privaten Hochschulen sich verändern?

Wichtiger als solche Kurse ist die Einstellung der Hochschullehrer zur Lehre. Hier sind derzeit noch die privaten Hochschulen im Vorteil. Es ist jedoch eine Veränderung im staatl. System erkennbar.

Wie könnten Sie sich eine Einbindung der Studierenden in der Hochschule vorstellen?

Beteiligung an Qualitätsverbesserungsprojekten der Hochschule, Tutoren-Modelle.

Dipl. Kaufmann Heiko Schwöbel[8] (Hochschule Calw):

Wo sehen Sie die Vorteile und die Nachteile einer privaten Hochschule gegenüber einer staatlichen Hochschule?

Die Vorteile liegen bei den geringen Gruppengrößen und auf die Praxis abgestellte Angebote des Studiums – ohne dass der wissenschaftliche Anspruch in den Hintergrund tritt.

Sind Privathochschulen eher „Eliteschmieden" oder Auffangbecken derer, die es nicht an den staatlichen Hochschulen schaffen? Oder schaffen sie speziell nachgefragte Angebote?

Wir schaffen ein differenziertes Angebot.

---

8 Näheres zur Person unter: http://www.hochschule-calw.de/de/fh-calw/2192.html [04.11.09, 14.15 Uhr].

BEDEUTEN DIE FREIHEITEN DER STUDIERENDENREKRUTIERUNG EINEN VORTEIL ODER EINEN NACHTEIL GEGENÜBER DEN STAATLICHEN HOCHSCHULEN?

Begründung: Die Gruppen können individueller zusammengestellt werden.

IN JÜNGSTER ZEIT GAB ES VERÄNDERUNGEN IN DER QUALITÄT DER LEHRE, SO WERDEN LEHR-KURSE FÜR HOCHSCHULLEHRER AN STAATLICHEN HOCHSCHULEN ANGEBOTEN. WIE SEHEN SIE HIERAUS DIE KONKURRENZSITUATION ZWISCHEN STAATLICHEN UND PRIVATEN HOCHSCHULEN SICH VERÄNDERN?

Die Evaluation der Lehre gibt Hinweise auf eventuellen „Schulungsbedarf" für das Lehrpersonal. Insofern besteht keine zusätzliche Konkurrenz durch die Einführung eines QM-Systems an der staatlichen Hochschule.

WIE KÖNNTEN SIE SICH EINE EINBINDUNG DER STUDIERENDEN IN DER HOCHSCHULE VORSTELLEN?

Hochschulgremien.

Dr. Brigitta Hohenester-Pongratz[9] (Pädagogische Hochschule Heidelberg):

WO SEHEN SIE DIE VORTEILE UND DIE NACHTEILE EINER PRIVATEN HOCHSCHULE GEGENÜBER EINER STAATLICHEN HOCHSCHULE?

Intensiveres Betreuungsverhältnis der Studierenden mit den Dozenten.

SIND PRIVATHOCHSCHULEN EHER „ELITESCHMIEDEN" ODER AUFFANGBECKEN DERER, DIE ES NICHT AN DEN STAATLICHEN HOCHSCHULEN SCHAFFEN? ODER SCHAFFEN SIE SPEZIELL NACHGEFRAGTE ANGEBOTE?

Speziell nachgefragte Angebote.

BEDEUTEN DIE FREIHEITEN DER STUDIERENDENREKRUTIERUNG EINEN VORTEIL ODER EINEN NACHTEIL GEGENÜBER DEN STAATLICHEN HOCHSCHULEN?

Begründung: Bessere Kongruenz von Studienangebot und Bewerberprofil.

IN JÜNGSTER ZEIT GAB ES VERÄNDERUNGEN IN DER QUALITÄT DER LEHRE, SO WERDEN LEHR-KURSE FÜR HOCHSCHULLEHRER AN STAATLICHEN HOCHSCHULEN ANGEBOTEN. WIE SEHEN SIE HIERAUS DIE KONKURRENZSITUATION ZWISCHEN STAATLICHEN UND PRIVATEN HOCHSCHULEN SICH VERÄNDERN?

Angleichung der Hochschulprofile.

---

9 Leiterin der Kommunikationsstelle Presse- und Öffentlichkeitsarbeit der Pädagogischen Hochschule Heidelberg, Keplerstraße 87; D-69120 Heidelberg; Telefon: 06221-477696; presse@vw.ph-heidelberg.de.

Wie könnten Sie sich eine Einbindung der Studierenden in der Hochschule vorstellen?

Selbstständigerer Umgang mit den Lehr- und Lernformen.

Autor

Leonard Wehr, B.A., studierte Medien-und Kommunikations-Management an der Universität Karlsruhe und der SRH-Hochschule Calw. E-Mail: Leonard.Wehr@googlemail.com

ERZIEHUNGSKONZEPTIONEN UND PRAXIS

Herausgeber: Gerd-Bodo von Carlsburg

Band 1 Barbara Hellinge / Manfred Jourdan / Hubertus Maier-Hein: Kleine Pädagogik der Antike. 1984.

Band 2 Siegfried Prell: Handlungsorientierte Schulbegleitforschung. Anleitung, Durchführung und Evaluation. 1984.

Band 3 Gerd-Bodo Reinert: Leitbild Gesamtschule versus Gymnasium? Eine Problemskizze. 1984.

Band 4 Ingeborg Wagner: Aufmerksamkeitsförderung im Unterricht. Hilfen durch Lehrertraining. 1984.

Band 5 Peter Struck: Pädagogische Bindungen. Zur Optimierung von Lehrerverhalten im Schulalltag. 1984.

Band 6 Wolfgang Sehringer (Hrsg.): Lernwelten und Instruktionsformen. 1986.

Band 7 Gerd-Bodo Reinert (Hrsg.): Kindgemäße Erziehung. 1986.

Band 8 Heinrich Walther: Testament eines Schulleiters. 1986.

Band 9 Gerd-Bodo Reinert / Rainer Dieterich (Hrsg.): Theorie und Wirklichkeit - Studien zum Lehrerhandeln zwischen Unterrichtstheorie und Alltagsroutine. 1987.

Band 10 Jörg Petersen / Gerhard Priesemann: Einführung in die Unterrichtswissenschaft. Teil 1: Sprache und Anschauung. 2., überarb. Aufl. 1992.

Band 11 Jörg Petersen / Gerhard Priesemann: Einführung in die Unterrichtswissenschaft. Teil 2: Handlung und Erkenntnis. 1992.

Band 12 Wolfgang Hammer: Schulverwaltung im Spannungsfeld von Pädagogik und Gesellschaft. 1988.

Band 13 Werner Jünger: Schulunlust. Messung - Genese - Intervention. 1988.

Band 14 Jörg Petersen / Gerhard Priesemann: Unterricht als regelgeleiteter Handlungszusammenhang. Ein Beitrag zur Verständigung über Unterricht. 1988.

Band 15 Wolf-Dieter Hasenclever (Hrsg.): Pädagogik und Psychoanalyse. Marienauer Symposion zum 100. Geburtstag Gertrud Bondys. 1990.

Band 16 Jörg Petersen / Gerd-Bodo Reinert / Erwin Stephan: Betrifft: Hausaufgaben. Ein Überblick über die didaktische Diskussion für Elternhaus und Schule. 1990.

Band 17 Rudolf G. Büttner / Gerd-Bodo Reinert (Hrsg.): Schule und Identität im Wandel. Biographien und Begebenheiten aus dem Schulalltag zum Thema Identitätsentwicklung. 1991.

Band 18 Eva Maria Waibel: Von der Suchtprävention zur Gesundheitsförderung in der Schule. Der lange Weg der kleinen Schritte. 3. Aufl. 1994.

Band 19 Heike Biermann: Chancengerechtigkeit in der Grundschule – Anspruch und Wirklichkeit. 1992.

Band 20 Wolf-Dieter Hasenclever (Hrsg.): Reformpädagogik heute: Wege der Erziehung zum ökologischen Humanismus. 2. Marienauer Symposion zum 100. Geburtstag von Max Bondy. 1993. 2., durchges. Aufl. 1998.

Band 21 Bernd Arnold: Medienerziehung und moralische Entwicklung von Kindern. Eine medienpädagogische Untersuchung zur Moral im Fernsehen am Beispiel einer Serie für Kinder im Umfeld der Werbung. 1993.

Band 22 Dimitrios Chatzidimou: Hausaufgaben konkret. Eine empirische Untersuchung an deutschen und griechischen Schulen der Sekundarstufen. 1994.

Band 23 Klaus Knauer: Diagnostik im pädagogischen Prozeß. Eine didaktisch-diagnostische Handreichung für den Fachlehrer. 1994.

Band 24 Jörg Petersen / Gerd-Bodo Reinert (Hrsg.): Lehren und Lernen im Umfeld neuer Technologien. Reflexionen vor Ort. 1994.

Band 25 Stefanie Voigt: Biologisch-pädagogisches Denken in der Theorie. 1994.

Band 26 Stefanie Voigt: Biologisch-pädagogisches Denken in der Praxis. 1994.

Band 27 Reinhard Fatke / Horst Scarbath: Pioniere Psychoanalytischer Pädagogik. 1995.

Band 28 Rudolf G. Büttner / Gerd-Bodo Reinert (Hrsg.): Naturschutz in Theorie und Praxis. Mit Beispielen zum Tier-, Landschafts- und Gewässerschutz. 1995.

Band 29 Dimitrios Chatzidimou / Eleni Taratori: Hausaufgaben. Einstellungen deutscher und griechischer Lehrer. 1995.

Band 30 Bernd Weyh: Vernunft und Verstehen: Hans-Georg Gadamers anthropologische Hermeneutikkonzeption. 1995.

Band 31 Helmut Arndt / Henner Müller-Holtz (Hrsg.): Schulerfahrungen – Lebenserfahrungen. Anspruch und Wirklichkeit von Bildung und Erziehung heute. Reformpädagogik auf dem Prüfstand. 2. Aufl. 1996.

Band 32 Karlheinz Biller: Bildung erwerben in Unterricht, Schule und Familie. Begründung – Bausteine – Beispiele. 1996.

Band 33 Ruth Allgäuer: Evaluation macht uns stark! Zur Unverzichtbarkeit von Praxisforschung im schulischen Alltag. 1997. 2., durchges. Aufl. 1998.

Band 34 Christel Senges: Das Symbol des Drachen als Ausdruck einer Konfliktgestaltung in der Sandspieltherapie. Ergebnisse aus einer Praxis für analytische Psychotherapie von Kindern und Jugendlichen. 1998.

Band 35 Achim Dehnert: Untersuchung der Selbstmodelle von Managern. 1997.

Band 36 Shen-Keng Yang: Comparison, Understanding and Teacher Education in International Perspective. Edited and introduced by Gerhard W. Schnaitmann. 1998.

Band 37 Johann Amos Comenius: Allverbesserung (Panorthosia). Eingeleitet, übersetzt und erläutert von Franz Hofmann. 1998.

Band 38 Edeltrud Ditter-Stolz: Zeitgenössische Musik nach 1945 im Musikunterricht der Sekundarstufe I. 1999.

Band 39 Manfred Luketic: Elektrotechnische Lernsoftware für den Technikunterricht an Hauptschulen. 1999.

Band 40 Gerhard Baltes / Brigitta Eckert: Differente Bildungsorte in systemischer Vernetzung. Eine Antwort auf das Problem der funktionellen Differenzierung in der Kooperation zwischen Jugendarbeit und Schule. 1999.

Band 41 Roswit Strittmatter: Soziales Lernen. Ein Förderkonzept für sehbehinderte Schüler. 1999.

Band 42 Thomas H. Häcker: Widerstände in Lehr-Lern-Prozessen. Eine explorative Studie zur pädagogischen Weiterbildung von Lehrkräften. 1999.

Band 43 Sabine Andresen / Bärbel Schön (Hrsg.): Lehrerbildung für morgen. Wissenschaftlicher Nachwuchs stellt sich vor. 1999.

Band 44 Ernst Begemann: Lernen verstehen – Verstehen lernen. Zeitgemäße Einsichten für Lehrer und Eltern. Mit Beiträgen von Heinrich Bauersfeld. 2000.

Band 45 Günter Ramachers: Das intrapersonale Todeskonzept als Teil sozialer Wirklichkeit. 2000.

Band 46 Christoph Dönges: Lebensweltliche Erfahrung statt empirischer Enteignung. Grenzen und Alternativen empirischer Konzepte in der (Sonder-)Pädagogik. 2000.

Band 47 Michael Luley: Eine kleine Geschichte des deutschen Schulbaus. Vom späten 18. Jahrhundert bis zur Gegenwart. 2000.

Band 48 Helmut Arndt / Henner Müller-Holtz (Hrsg.): Herausforderungen an die Pädagogik aufgrund des gegenwärtigen gesellschaftlichen Wandels. Bildung und Erziehung am Beginn des 3. Jahrtausends. 2000.

Band 49 Johann Amos Comenius: Allermahnung (Pannuthesia). Eingeleitet, übersetzt und erläutert von Franz Hofmann. 2001.

Band 50 Hans-Peter Spittler-Massolle: Blindheit und blindenpädagogischer Blick. Der *Brief über die Blinden zum Gebrauch für die Sehenden* von Denis Diderot und seine Bedeutung für den Begriff von Blindheit. 2001.

Band 51 Eva Rass: Kindliches Erleben bei Wahrnehmungsproblemen. Möglichkeiten einer selbstpsychologisch ausgerichteten Pädagogik und Psychotherapie bei sublimen und unerkannten Schwächen in der sensorischen Integration. 2002.

Band 52 Bruno Hamann: Neue Herausforderungen für eine zeitgemäße und zukunftsorientierte Schule. Unter Mitarbeit von Birgitta Hamann. 2002.

Band 53 Johann Amos Comenius: Allerleuchtung (Panaugia). Eingeleitet, übersetzt und erläutert von Franz Hofmann. 2002.

Band 54 Bernd Sixtus: Alasdair MacIntyres Tugendenlehre von *After Virtue* als Beitrag zum Disput über universalistische Erziehungsziele. 2002.

Band 55 Elke Wagner: Sehbehinderung und Soziale Kompetenz. Entwicklung und Erprobung eines Konzeptes. 2003.

Band 56 Jutta Rymarczyk / Helga Haudeck: *In Search of The Active Learner*. Untersuchungen zu Fremdsprachenunterricht, bilingualen und interdisziplinären Kontexten. 2003.

Band 57 Gerhard W. Schnaitmann: Forschungsmethoden in der Erziehungswissenschaft. Zum Verhältnis von qualitativen und quantitativen Methoden in der Lernforschung an einem Beispiel der Lernstrategienforschung. 2004.

Band 58 Bernd Schwarz / Thomas Eckert (Hrsg.): Erziehung und Bildung nach TIMSS und PISA. 2004.

Band 59 Werner Sacher / Alban Schraut (Hrsg.): Volkserzieher in dürftiger Zeit. Studien über Leben und Wirken Eduard Sprangers. 2004.

Band 60 Dorothee Dahl: Interdisziplinär geprägte Symbolik in der visuellen Kommunikation. Tendenzen therapeutisch-kunstpädagogischer Unterrichtsmodelle vor dem Hintergrund multimedialer Zeitstrukturen. 2005.

Band 61 Gerd-Bodo von Carlsburg / Marian Heitger (Hrsg.): Der Lehrer – ein (un)möglicher Beruf. 2005.

Band 62 Bruno Hamann: Pädagogische Anthropologie. Theorien – Modelle – Strukturen. Eine Einführung. 4., überarbeitete und ergänzte Auflage. 2005.

Band 63 Airi Liimets: Bestimmung des lernenden Menschen auf dem Wege der Reflexion über den Lernstil. 2005.

Band 64 Cornelia Matz: Vorbilder in den Medien. Ihre Wirkungen und Folgen für Heranwachsende. 2005.

Band 65 Birgitta Hamann: Grundfragen der Literaturdidaktik und zentrale Aspekte des Deutschunterrichts. 2005.

Band 66 Ralph Olsen / Hans-Bernhard Petermann / Jutta Rymarczyk (Hrsg.): Intertextualität und Bildung – didaktische und fachliche Perspektiven. 2006.

Band 67 Bruno Hamann: Bildungssystem und Lehrerbildung im Fokus aktueller Diskussionen. Bestandsaufnahme und Perspektiven. 2006.

Band 68 Ingeborg Seitz: Heterogenität als Chance. Lehrerprofessionalität im Wandel. 2007.

Band 69 Margret Ruep / Gustav Keller: Schulevaluation. Grundlagen, Methoden, Wirksamkeit. 2007.

Band 70 Harald Schweizer: Krach oder Grammatik? Streitschrift für einen revidierten Sprachunterricht. Kritik und Vorschläge. 2008.

Band 71 Martina Becker / Gerd-Bodo von Carlsburg / Helmut Wehr (Hrsg.): Seelische Gesundheit und gelungenes Leben. Perspektiven der Humanistischen Psychologie und Humanistischen Pädagogik. Ein Handbuch. 2008.

Band 72 Sigvard Clasen: Bildung im Licht von Beschäftigung und Wachstum. Wohin bewegt sich Deutschland? 2009.

Band 73 Gerd-Bodo von Carlsburg: Enkulturation und Bildung. Fundament sozialer Kompetenz. 2009.

Band 74 Hermann-Josef Wilbert: Musikunterricht im Rückblick. Eine alternative Musikdidaktik. 2009.

Band 75 Britta Klopsch: Fremdevaluation im Rahmen der Qualitätsentwicklung und -sicherung. Eine Evaluation der Qualifizierung baden-württembergischer Fremdevaluatorinnen und Fremdevaluatoren. 2009.

Band 76 Leonard Wehr: Partizipatorisches Marketing privater Hochschulen. Corporate Identity als Ziel von Bildungsmarketing. 2011.

www.peterlang.de